글나무 시선 25

사랑의 진주
PERLA D'AMORE

사랑의 진주
PERLA D'AMORE

안젤라 코스타 시집

한국세계문학협회

안젤라 코스타

안젤라 코스타(Angela Kosta) 시인은 알바니아 엘바산에서 태어나, 1995년부터 이탈리아에 거주하며 활발한 문학 활동을 이어오고 있다. 그녀는 문학지 『MIRIADE』의 집행이사이자, 번역가, 수필가, 언론인, 문학 평론가, 출판인, 그리고 국제적인 문학인으로 널리 알려져 있다. 그녀는 지금까지 알바니아어, 이탈리아어, 영어, 터키어, 아랍어, 프랑스어로 된 소설, 시, 동화 등 총 28권의 저서를 출간했다.

그녀의 문학 작품과 번역물은 유럽과 아시아, 아프리카 등 대륙을 넘나들며 다양한 국가의 문예지와 신문에 실렸다. 이탈리아 신문 『Calabria Live』, 『Saturno Magazine』, 『Alessandria Today Magazine』, 국제 문예지 『Orfeu』, 『Nacional』, 『Gazeta Destinacioni』, 『Perqasje Italo-Shqiptare』, 『Atunis』 등과 함께 정기적으로 시, 에세이, 인터뷰를 기고하며, 미국 『International Literature Language Journal (Michigan)』, 『Wordsmith International Editorial (Florida)』, 독일 『Raven Cage』, 방글라데시 『The Daily Global Nation』, 『Kavyar Kishor International』, 파키스탄 『Sindh Courier』, 터키 『Güncel Sanat』, 타지키스탄 『Friendship Of People』 등 다국적 매체와도 활발히 협업 중이다. 다양한 국가에서 간행된 수많은 국제 공동 시집의 공동 저자로 참여했으며, 알바니아어-이탈리아어 간의 쌍방향 번역을 통해 170여 명의 작가 작품을 소개하고, 600명 이상의 시인과 85명의 예술가를 국내외 문예지에 적극적으로 홍보해 왔다. 알바니아 및 코소보 출신 시인 8명의 시집을 번역했고, 이탈리아의 고전과 귀

족 시인 등 다수의 저명 작가 작품도 다국어로 번역해 왔다. 한국 세계문학협회 부회장, 휴머니스트 단체 부회장, 그리고 방글라데시, 폴란드, 모로코, 캐나다, 알제리, 이집트, 멕시코, 루마니아, 인도, 예멘 등지의 비영리 문화·평화 단체에서 문화 및 평화 대사로 위촉되어 활동하고 있다. 알바니아 작가연맹(LSHASH)과 알바니아-이탈리아 작가연합(BSHBSH)의 정회원이며, 그리스, 폴란드, 헝가리, 멕시코, 루마니아, 크로아티아, 인도, 방글라데시 등지의 문학 단체에도 소속되어 있다.

이탈리아의 주요 신문과 매체들—『La Nazione』, 『Corriere Dell'Umbria』, 『Diretta News』, 『Il Quotidiano D'Italia』, 『24 Umbria.it』 등에서 안젤라 코스타의 문학과 공헌에 대해 다수의 기사를 다루었다. 그녀의 작품은 무려 40개 언어로 번역되어 전 세계에 소개되었으며, 2024년 한 해 동안만 해도 128개의 국내외 문예지 및 매체에 시, 기사, 인터뷰, 책, 평론 등을 게재했다.

또한 『Saturno Magazine』(이탈리아), 『International Literature Language Journal』(미국), 『Wordsmith International Editorial』(플로리다), 『Èlite Magazine』(레바논), 『Literary Magazine』(바르셀로나), 『Oddyse International Editorial』(방글라데시) 등 여러 문예지에서 '이달의 인물'로 표지 인물로 선정되기도 했다.

그녀는 수많은 문학상과 언론상의 수상자이기도 하다. 특히 2023년 티라나의 『OBELISK』 문예지는 그녀를 노벨상 수상 시인 조수에 알레산드로 주세페 카르두치(Giosuè Alessandro Giuseppe Carducci) 번역으로 최우수 번역가로 선정하였고, 모로코 일간지 『Akhbar7』은 그녀를 '올해의 여성 유명인'으로 호칭하였다. 2024년 5월 『Kavyar Kishor International』(호주)의 편집장 마이클 히슬롭(Michael H:slop)은 그녀에게 최우수 시인 인증서를 수여했다. 콜롬비아, 몰도바, 예멘, 알제리, 루마니아, 멕시코, 인도 등지의 대학 및 문예 단체로부터 명예 문학박사(Dottore Honoris Causa) 학위를 받았다.

ANGELA KOSTA (ALBANIA & ITALIA)

Angela Kosta è nata a Elbasan (Albania) e vive in Italia dal 1995. Direttore Esecutivo della Rivista cartacea MIRIADE, traduttrice, saggista, giornalista, critica letteraria, editrice e promotrice, ha pubblicato 25 libri: romanzi, poesie e fiabe in albanese, italiano, inglese, turco, arabo e francese.

Le sue pubblicazioni e traduzioni sono state pubblicate in varie riviste letterarie e giornali in diversi paesi continentali e intercontinentali.

Angela Kosta traduce e scrive articoli e interviste per il quotidiano "Calabria Live", "Saturno magazine", "Alessandria Today Magazine", la rivista internazionale "Orfeu", il quotidiano "Nacional", "Gazeta Destinacioni", "Perqasje Italo-Shqiptare", la rivista "Atunis", collabora con le riviste: "International Literature Language Journal" (Michigan), "Wordsmith International Editorial" (Florida), "Raven Cage" (Germania), "The Dayli Global Nation e Kavyar Kishor International" (Bangladesh), "Sindh Courier" (Pakistan), "Güncel Sanat" (Turchia), "Friendship Of People" (Tagikistan), ecc...

E' coauttrice di diverse antologie in vari stati.

Angela Kosta ha tradotto 170 autori in bilingue: italiano - albanese e viceversa e ha promosso oltre 600 poeti e 85 artisti in varie riviste letterarie nazionali e internazionali oltre a tradurre i libri di poesie di 8 autori albanesi e kosovari. Ha inoltre tradotto le poesie di importanti classici italiani, nobili e molti altri autori famosi.

È Vice Presidente della South Korea Writers' Association, Vice Presidente dell' Organizazione Humanist, Ambasciatrice per la Cultura e la Pace nelle Organizzazioni no - profit in: Bangladesh,

Polonia, Marocco, Canada, Algeria, Egitto, Messico, Romania, India, Yemen ecc.

Angela Kosta è membro della Lega Degli Scrittori (LSHASH) e dell'Unione Degli Scrittori Albanesi BSHBSH - Italia, membro in Grecia, Polonia, Ungheria, Messico, Romania, Croazia, India e Bangladesh.

In Italia molti importanti giornali e riviste hanno scritto vari articoli su Angela Kosta tra cui: "La Nazione", "Corriere Dell'Umbria", "Diretta News", "Il Quotidiano D'Italia", "24 Umbria it.", ecc.

Kosta è stata tradotta e pubblicata in 40 lingue straniere e paesi stranieri.

Solo nel 2024 è stata pubblicata su 128 quotidiani e riviste nazionali e internazionali, con: poesie, articoli, interviste, libri, recensioni, ecc., ed è stata Personaggio del Mese sulle copertine delle riviste in: "Saturno magazine" (Italia), "International Literature Language Journal" (Michigan), "Wordsmith International Editorial" (Florida), "Èlite Magazine" (Libano), "Literary Magazine" (Barcellona), "Oddyse International Editorial" (Bangladesh)

Kosta ha ricevuto numerosi riconoscimenti da varie riviste e giornali. Nel 2023 la rivista OBELISK a Tirana l'ha dichiarata, tra gli altri, la migliore traduttrice con le traduzioni del celebre poeta Nobel Giosuè Alessandro Giuseppe Carducci, così come il quotidiano marocchino Akhbar7 l'ha proclamata Donna Celebrity per l'anno 2023 e nel maggio 2024 ha ricevuto dal Direttore del Bordo del giornale Kavyar Kishor International - Australia, Michael Hislop il certificato come migliore poetessa.

Angela Kosta ha ricevuto altri Certificazioni di Dottore Honoris Causa da varie università tra cui: Colombia, Moldavia, Yemen, Algeria, Romania, Messico, India e recentemente anche dall'Università di Lingua e Letteratura in Marocco dal Decano Muhammad Blik nonché dal Direttore Esecutivo Michael Hislop della rivista Kavyar Kishor International (Australia).

ANGELA KOSTA (ALBANIA & ITALY)

Angela Kosta was born in Elbasan, Albania, and has lived in Italy since 1995. She is the Executive Director of the print magazine MIRIADE, as well as a translator, essayist, journalist, literary critic, publisher, and promoter. She has published 25 books—novels, poetry collections, and fairy tales—in Albanian, Italian, English, Turkish, Arabic, and French.

Her works and translations have appeared in various literary magazines and newspapers across multiple continent. Angela Kosta translates and writes articles and interview for Calabria Live newspaper, Saturno magazine, Alessandria Today magazine, the international magazine Orfeu, Nacional daily, Gazeta Destinacioni, Perqasje Italo-Shqiptare, Atunis magazine, and collaborates with journals such as International Literature Language Journal (Michigan), Wordsmith International Editorial (Florida), Raven Cage (Germany), The Daily Global Nation and Kavyar Kishor International (Bangladesh), Sindh Courier (Pakistan), Güncel Sanat (Turkey), Friendship of People (Tajikistan), among others.

She has co-authored several anthologies in different countries. Angela Kosta has translated 170 authors bilingually (Italian–Albanian and vice versa) and has promoted over 600 poets and 85 artists in various national and international literary magazines. She has also translated poetry books by eight Albanian and Kosovar authors and translated poems by important Italian classics, Nobel laureates, and many other renowned writers.

She serves as Vice President of the South Korea Writers' Association, Vice President of the Organizazione Humanist, and as an Ambassador for Culture and Peace in non-profit organizations in Bangladesh, Poland, Morocco, Canada, Algeria, Egypt, Mexico, Romania, India, Yemen, and other countries. Angela Kosta is a member of the League of Writers (LSHASH) and of the Union of Albanian Writers BSHBSH–Italy, as well as a member in Greece, Poland, Hungary, Mexico, Romania, Croatia, India, and Bangladesh.

In Italy, many prominent newspapers and magazines—including La Nazione, Corriere dell'Umbria, Diretta News, Il Quotidiano d'Italia, and 24 Umbria.it—have published articles about her. Her works have been translated and published in 40 foreign languages and countries.

In 2024 alone, she was featured in 128 national and international newspapers and magazines with poems, articles, interviews, books, reviews, and more. She was named "Personality of the Month" on the covers of Saturno magazine (Italy), International Literature Language Journal (Michigan), Wordsmith International Editorial (Florida), Èlite Magazine (Lebanon), Literary Magazine (Barcelona), and Oddyse International Editorial (Bangladesh).

Kosta has received numerous awards from various magazines and newspapers. In 2023, OBELISK magazine in Tirana named her the best translator for her translations of Nobel Prize–winning poet Giosuè Alessandro Giuseppe Carducci. The Moroccan daily Akhbar7 proclaimed her "Celebrity Woman of the Year 2023," and in May 2024, she received a certificate naming her Best Poet from Michael Hislop, Executive Director of Kavyar Kishor International (Australia).

Angela Kosta has also been awarded honorary doctorates from several universities, including those in Colombia, Moldova, Yemen, Algeria, Romania, Mexico, India, and, more recently, from the University of Language and Literature in Morocco (conferred by Dean Muhammad Blik) and from Michael Hislop, Executive Director of Kavyar Kishor International (Australia).

| 축사

안젤라 코스타Angela Kosta의 찬란한 횃불

동 시 영 (제5대 한국세계문학협회 회장)

최근 〈한국세계문학협회Korean Association of World Literature〉의 창립회장인, 존경하는 강병철 박사님의 번역으로 매일 아침, 안젤라 코스타Angela Kosta의 시집 『사랑의 진주PERLA D'AMORE』를 읽었습니다.

그녀의 시엔 인간 존재의 아픔과 고통, 연민이 가득 담겨 있습니다. 그것들은 삶의 어둠 그 실체를 꿰뚫어 보고 외치고 울음 울고 탄식합니다. 이것은 한 인간의 것이 아니라, 어쩌면 신의 세계에서 오는 말이며, 인류사 속에 핍박받고 살아온, 사람들의 목소리입니다. 세상엔 사람이 존재하고 있었고 존재할 것입니다. 그러나 그 있음엔 행복도 있지만 이와 함께하는 지옥 같은 현실이 가득합니다. 그녀의 시를 읽으면, 이 슬픔을 없애기 위해 무엇이든 해야 한다고 생각하게 합니다.

그녀의 시는 아파하면서 쓰였고 또 아파하면서 읽어야 합니다. 진정, 사람이 무엇을 해야 하는지를 생각하게 합니다. 그의 문학은 세계를 향해 울려 퍼지는 피의 호소며 외침입니다. 읽고 듣고 사람이 만들어 사람에게 가하는 혹독한 불행을 직시하게 합니다. 결국, 이것들이 모여 인류 생명 존재의 현재와 미래를 밝게 할 것입니다.

> 굶주림은 우리를 절대로 놓아주지 않는다
> 잔혹하게 맴돌며 손끝을 조여오고
> 〈굶주림〉에서
> 침묵 속에서 악마는 세상을 지버한다
> ……………………………………
> 그의 촉수는 우주 끝까지 뻗어 나가
> 운명의 재앙을 거기서 틔운다
>
> ―「바알세불의 신격화」에서

인류사에는 많은 사상과 철학이 있었습니다. 그녀의 시를 읽으면, 미쉘 푸코Michel Foucault의 철학이 말하는 인류 삶 속의 감옥, 학교, 군대 등으로 대표 되는, 한 생명체에 가해지는지 달할 수 없는 고통 억압을 떠올리게 합니다. 루소 Rousseau, jean jacques의 『인간 불평등 기원론』 등 니체의 사상까지도 아울러 생각하게 합니다.

또한 제발트W.G.Sebald의 『이민자들』을 생각하게 합니다. 알바니아와 이탈리아, 두 개의 시간과 공간 문화, 사이에서

디아스포라Diaspora적 삶을 살아가는 그녀의 삶을 생각하게 합니다. 그는 그 두 개의 공간과 문화의 거리 안에, 그가 활동하는 크고 광대한 지역과 문화를 함께 살게 합니다. 그리고 인간의 삶에 공급할 인간애의 정신적 양식과 평화를 경작할 땅을 일구고 땀 흘려 가꾸고 행동합니다.

안젤라 코스타 그가 있는 곳은 새로 돋는 태양이 웃는 곳이고 거기서 인류사에 드리운 크나큰 어둠과 그림자는 조금씩 사라질 것입니다. 그의 작품 속에서 세계로 퍼져나가는 밝은 태양 빛이 은은히 퍼져나가고 그것으로 고통받는 사람이 쉴 보금자리를 마련하게 할 것입니다. 그녀의 고독하고 힘겨운 위대한 행보와 작품에 경의를 드립니다.

안젤라 코스타Angela Kosta는 이탈리아어, 영어, 터키어, 아랍어, 프랑스어 등으로 된 시, 소설, 동화 등 28권의 저서를 출간했습니다. 또한, 알바니아 이탈리아어 쌍방 번역으로 170여 작가 작품을 소개했고, 600명 이상의 시인, 85명의 예술가를 국내외 문예지에 적극적으로 홍보했고 이탈리아 귀족 시인, 저명 작가 작품의 다국어 번역도 했습니다. 그리고 휴머니스트 단체 부회장입니다. 또한, 폴란드 방글라데시, 모로코, 캐나다, 알제리, 이집트, 멕시코, 예멘, 루마니아 인도 등 비영리 문화 평화 단체 문화 및 평화 대사로 위촉되는 등, 그의 활동 영역 내용을 보고 누구든 놀라지 않을 수 없을 것입니다.

그녀의 이러한 찬란한 삶의 여정에서 한국어, 이탈리아와 영어로 새롭게 탄생하는 새 시집에 찬탄의 박수를 올립니다. 그녀가 밝혀 드는 또 하나의 횃불, 그 찬란한 빛남에 갈채를 드립니다.

2025년 8월 30일

동시영
전 한국관광대학교, 중국 길림재경대학교 교수, 제5대 한국세계문학협회 회장

| Messaggio di congratulazioni

La Fiaccola Splendente Di Angela Kosta

By Dr. Siyoung Doung

(5° Presidente della Korean Association of World Literature)

Recentemente, ogni mattina ho letto la raccolta poetica di Angela Kosta Perla d'Amore, tradotta dal rispettabile Dott. Kang Byeong-Cheol, Presidente e fondatore della dell'Associazione Coreana Della Letteratura Mondiale. Le sue poesie sono colme di dolore, sofferenza e compassione dell'esistenza umana. Esse penetrano nell'oscurità della vita, gridando, piangendo e rammaricarsi.

Questa voce non appartiene soltanto ad un individuo: forse è una parola che proviene dal mondo divino, la voce di coloro che, lungo la storia dell'umanità, hanno vissuto sotto persecuzioni. L'uomo è esistito ed esisterà ancora, ma in questa esistenza non vi è soltanto felicità: insieme ad essa c'è una realtà infernale. Leggere le poesie di Angela Kosta, ci spinge a pensare che si debba fare qualcosa, qualunque cosa per eliminare questo dolore.

Le sue poesie sono state scritte nel dolore, e devono essere lette nel dolore. Esse ci fanno riflettere su ciò che significa veramente essere umani, su ciò che dobbiamo fare. La sua letteratura è un appello di sangue ovunque, un grido che risuona in tutto il mondo. Leggendola e ascoltandola, ci troviamo di fronte all'infelicità crudele di cui l'uomo infligge all'uomo.

Alla fine, queste parole si uniscono in una luce che illuminerà il presente e il futuro dell'esistenza umana.

> La fame spietata non ci abbandona,
> circola e si stringe intorno alle nostre mani...

(dalla poesia: FAME)
Ma il demone ancora ha sete
Con lussuria le intemperie postula
E mai muore.
I tentacoli ovunque nello spazio espande
La disgrazia del destino in loro germoglia
Sopra i teschi mutilati calpesta
E rinasce ogni volta dove muore l'Innocenza.

(dalla poesia: L'APOTEOSI DI BELZEBÙ)

Nella storia umana sono esistite molte filosofie e pensieri. Leggere le poesie di Kosta richiama alla mente la filosofia di Michel Foucault, la sua riflessione su prigioni, scuole, eserciti e le sofferenze indicibili inflitte a un essere vivente. Ricorda anche il Discorso sull'origine della disuguaglianza di Rousseau e persino il pensiero di Nietzsche. Inoltre evoca Gli Emigrati di W. G. Sebald, facendoci pensare alla sua vita diasporica tra Albania e Italia, tra due tempi, due spazi, due culture.

In quella distanza tra due mondi, ella fa vivere vaste regioni e culture. Coltiva il nutrimento spirituale per l'umanità, semina i semi della pace e li cura con il suo lavoro e la sua azione. Dove si trova Angela Kosta, il sole nascente sorride, e lì le immense ombre proiettate sulla storia umana cominciano lentamente a svanire.

Nelle sue opere, una luce solare radiosa si diffonde dolcemente nel mondo, preparando un rifugio per coloro che soffrono.

Rendo il mio più profondo rispetto al suo cammino solitario, arduo e magnifico, e alle sue opere letterarie.

Angela Kosta ha pubblicato 29 libri tra cui poesie, romanzi e fiabe in italiano, inglese, turco, arabo e francese. Ha tradotto le opere di oltre autori tramite traduzioni albanese - italiano, e ha promosso più di 850 poeti e 125 artisti in riviste letterarie, sia in Italia che all'estero. Ha inoltre tradotto in più lingue opere di poeti nobili italiani e di autori rinomati. È Vicepresidente di un'associazione umanista, ed è stata nominata ambasciatrice culturale e di pace da numerose organizzazioni non profit, in: Polonia, Bangladesh, Marocco, Canada, Algeria, Egitto, Messico, Yemen, Romania, India e altri paesi. Chiunque conosca l'ampiezza delle sue attività non può che restarne stupito.

In questo splendido viaggio della sua vita, offro un applauso entusiasta alla sua nuova raccolta poetica, nata in coreano, italiano e inglese. Saluto questa nuova fiaccola che ella solleva, radiosa nel suo splendore.

30 agosto, 2025

Dr. Siyoung Doung
Ex – docente presso la Korea Tourism University e la Jilin University of Finance and Economics in Cina, 5° Presidente dell'Associazione Coreana Della Letteratura Mondiale

| Congratulatory Message

Angela Kosta's Radiant Torch

By Dr. Siyoung Doung

(5th President of the Korean Association of World Literature)

Recently, every morning I have been reading Angela Kosta's poetry collection Perla d'Amore (Pearl of Love), translated by the honorable Dr. Kang Byeong-Cheol, founding president of the Korean Association of World Literature. Her poems are filled with the pain, suffering, and compassion of human existence. They pierce through the very substance of life's darkness, crying out, weeping, and lamenting.

This voice is not merely that of one individual—it may well be words from the divine realm, the voices of those who, throughout human history, have lived under persecution. Humanity has existed and will continue to exist, yet within existence itself lies not only happiness but also the grim reality of hell. Reading her poetry compels us to think that something—anything—must be done to dispel this sorrow.

Her poetry was written in pain, and it must also be read in pain. It makes us reflect deeply on what it truly means to be human, and what we ought to do. Her literature is a bloody appeal, a cry that resonates across the world. To read and to listen to it is to confront the merciless misery inflicted by human beings upon one another. Ultimately, her words converge into a light that will brighten the present and future of human life itself.

> The merciless hunger does not abandon us,
> it circles and tightens around our hands
> (from Hunger)
> In silence the devil rules the world…
> He stretches his tentacles throughout the cosmos,
> Fate's misfortune germinates in them.
> (from The Apotheosis of Beelzebub)

Throughout human history, there have been many philosophies and schools of thought. Reading her poetry recalls Michel Foucault's philosophy—his reflections on prisons, schools, armies, and the unspeakable oppression inflicted upon a living being. It reminds us as well of

Rousseau's Discourse on the Origin of Inequality, and even Nietzsche's ideas. Her work also evokes W. G. Sebald's The Emigrants, as we think of her diasporic life lived between Albania and Italy, between two times, two spaces, and two cultures.

In that distance between two worlds, she makes vast territories and cultures come alive. She cultivates spiritual nourishment for humanity, sows the seeds of peace, and tends to them with her labor and action. Where Angela Kosta stands, the rising sun smiles, and there the immense shadows cast upon human history gradually recede. In her works, a radiant sunlight spreads softly across the world, preparing a shelter for those who suffer. I pay my deepest respect to her solitary, arduous, and magnificent journey and literary achievements.

Angela Kosta has published 28 books—including poetry, novels, and fairy tales—in Italian, English, Turkish, Arabic, and French. She has introduced the works of more than 170 writers through Albanian–Italian translations and has promoted over 600 poets and 85 artists in literary journals both in Italy and abroad. She has also translated the works of Italian noble poets and renowned authors into multiple languages. In addition, she serves as Vice President of a humanist organization, and has been appointed cultural and peace ambassador by non-profit cultural peace organizations in Poland, Bangladesh, Morocco, Canada, Algeria, Egypt, Mexico, Yemen, Romania, India, and more. Anyone who sees the breadth of her activities cannot help but be astonished.

In this brilliant journey of her life, I offer my enthusiastic applause to her new poetry collection, born in Korean, Italian, and English. I hail this new torch she has lifted, radiant in its brilliance.

August 30, 2025

Dr. Siyoung Doung
Former Professor at Korea Tourism University and Jilin University of Finance and Economics, China. 5th President of the Korean Association of World Literature

| 축사

연민과 사명감, 약자의 대변자

이 혜 선 (제4대 한국세계문학협회 회장)

먼저 안젤라 코스타 시인의 영어, 알바니아어, 한국어판 시집 『사랑의 진주 PERLA D'AMORE』가 한국에서 발행되는 경사를 축하드립니다.

저는 1996년 8월, 마케도니아에서 열리는 제35차 스트루가 국제시인회의 STRUGA POETRY EVNING에 불문학자 방곤 박사와 신세훈 시인(자유문학 대표, 국제펜 한국본부 前 이사장)과 함께 한국 정대표로 초청받아서 참가한 일이 있습니다.

시 축제를 위해 새로 제작한 '시의 다리' 배 위에서 개막식 시낭송을 하고, 낮이 긴 나라인지라 오흐리드 호숫가 모래밭에서 밤 12시에 시낭송회를 하고 달빛 아래 정담을 나누었던 의미 깊고 아름다운 기억을 가지고 있습니다.

서울에서 프랑스로 가서 프랑스에서 또 불가리아 소피아로 가서 하루를 보내고, 마케도니아에서 보내 준 차를 타고

엉겅퀴가 많이 피어 있는 평원을 가로질러 달려서 스트루가에 도착했습니다.

알바니아는 필자가 방문했던 마케도니아와 국경을 마주하고 있으며 오흐리드 호수는 알바니아와 마케도니아 두 나라에 걸쳐 있는 호수이기에 마치 제가 알바니아를 방문했던 것처럼 친근감이 듭니다. 그런 알바니아의 대표적인 시인이며 번역가, 수필가, 언론인, 문학 평론가, 출판인, 그리고 국제적인 문학인으로 널리 알려진 안젤라 코스타 님의 3개국 언어로 발행되는 시집에 축사를 쓰게 되어 무척 반갑고 기쁩니다.

안젤라 코스타 시인은 필자의 시를 비롯하여 우리나라 시인들의 많은 시를 알바니아어와 이탈리아어로 번역하여 유럽을 비롯한 세계 여러 나라에 소개해 주고 있는 고마운 분입니다. 한국의 강병철 박사님과 코스타 시인께서 수고해 주시는 덕분에 많은 한국 시인의 시가 날개를 달고 세계로 날아갈 수 있는 경사에 대해 심심한 경의와 감사를 표합니다.

코스타 시인은 휴머니스트 단체 부회장, 방글라데시, 폴란드, 모로코, 캐나다, 알제리, 이집트, 멕시코, 루마니아, 인도, 예멘 등지의 비영리 문화·평화 단체에서 문화 및 평화 대사로 위촉되어 활동하고 있습니다. 이러한 앞서가는 실천과 정신 아래 창작된 코스타 시인의 시에는 가난과 어려움과 고통을 겪고 있는 동족과 인류에 대한 휴머니즘과 측은지심이 많이 표현되어 있습니다.

시인이 지녀야 할 책무 중의 하나가 타자他者의 슬픔을 대신 울어주는 곡비哭婢의 역할입니다. 코스타 시인의 「한 조각의 빵」「굶주림」 등의 시를 읽으며 시인의 마음속에 가득한 사랑과 시인으로서의 사명감에 감동한 바가 큽니다.

> 형제들의 연약한 심장 고동,
> 창백하고 갈라진 입술,
> 발아래 마른 땅처럼 갈라진 얼굴들.
> 한 조각의 빵이여,
> 부서지지 마라!
> 빵을 늘릴 예수는 어디에 계신가?
> ―「한 조각의 빵」 부분

그는 이처럼 형제들의 고통을 연민에 차서 호소하지만, 측은지심에서 끝나지 않고 「생존의 빛」 등에서 끝내 희망의 빛을 이끌어 내어 독자로 하여금 치유에 이르게 합니다.

> 그대… 여인이여… 일어서라!
> 너 안에 깃든 '여신'을
> 부정하는 모든 것으로부터 벗어나라.
> 인내라는 이름 아래 감춰진 폭력의 경계에서
> 무장을 해제하라!
> (중략)
> 다시 꽃피워라… 노래하라… 미소 지어라…
> 너의 자유를 외쳐라―

너의 존재를 짓밟는
비열한 자의 감옥을 찢고서.
그대… 여인이여…
위대하고… 유일하며… 신성하다.
부활하라… 살아가라!!!

뿐만 아니라 「일어나라 신성한 여인이여」에서는, 인간으로서의 존엄을 평등하게 대우받지 못하는 '여인' 속에 깃든 가장 신비한 존엄성인 '여신'을 이끌어 내어 부정과 폭력과 억압에서 벗어나 "자유를 외쳐라" "다시 꽃피워라… 노래하라" "부활하라… 살아가라"고 웅변하듯이 강한 어조로 격려하고 있습니다.

이러한 여러 편의 시를 통해 코스타 시인은 이 시대의 약자와 그늘진 곳에 따뜻한 시선을 보내며 그들을 대변하여 호소하고 더 나아가서 힘을 주고, 희망의 빛을 주고자 하는 휴머니즘과 연민의 시인이며 약자의 대변자라고 할 만합니다.

그 어떤 시인보다도 시인의 사명감에 투철한 작품을 창작하는 큰 시인인 안젤라 코스타의 시가 한국을 비롯하여 세계 여러 나라 독자들의 마음을 울리고 감동시키고 많은 희망의 빛이 되기를 기원합니다.

다시 한번 축하드리며 행복과 행운을 빕니다.

이혜선
문학평론가, 문학박사, 제4대 한국세계문학협회 회장

| Messaggio di congratulazioni

Compassione, Senso Del Dovere E Voce Dei Deboli

By Hye-Seon Lee (quarta presidente dell'Associazione Coreana di Letteratura Mondiale)

Innanzitutto, congratulazioni alla poetessa Angela Kosta per straordinaria occasione riguardo alla pubblicazione della raccolta poetica, nelle edizioni, in: coreano, italiano e inglese.

Nel agosto 1996, sono stata invitata come rappresentante ufficiale della Corea, insieme al dottor Bang Gon, studioso di letteratura francese, e al poeta Shin Se-hoon (rappresentante di Free Literature e ex - Presidente di International PEN Corea), al 35° Struga Poetry Evenings, tenutosi in Macedonia.

Ricordo con affetto i momenti significativi e bellissimi in cui abbiamo recitato poesie durante la cerimonia di apertura sulla barca "Ponte della Poesia", costruita appositamente, e poi a mezzanotte sulla spiaggia sabbiosa presso il Lago Ohrid, approfittando delle lunghe giornate, recitando sotto la luce della luna e scambiando parole sincere.

Da Seoul a Francia, poi dalla Francia a Sofia in Bulgaria, ho viaggiato per un giorno e ho raggiunto Struga con un'auto inviata dalla Macedonia, attraversando le pianure ricoperte di cardo.

Poiché l'Albania confina con la Macedonia e il Lago Ohrid si estende tra questi due paesi, sento una vicinanza all'Albania come se l'avessi visitata personalmente.

Perciò, per me, è un grande piacere e onore scrivere questo messaggio di congratulazioni per la raccolta poetica di Angela Kosta pubblicata in tre lingue. Angela Kosta è nota come poetessa albanese, traduttrice, saggista, giornalista, critica letteraria, editrice e figura letteraria di fama internazionale.

Ha tradotto molte poesie di poeti coreani, compresa la mia, in albanese e italiano, introducendole in Europa e in molte nazioni del mondo. Grazie al grande impegno del dottor Kang Byeong Cheol dalla Corea e della poetessa Kosta, molte poesie coreane hanno spiccato il volo nel mondo; esprimo la mia profonda stima e gratitudine per questo successo.

La signora Kosta è Vicepresidente di diverse organizzazioni umanistiche e ambasciatrice culturale e della pace per organizzazioni culturali e pacifiche no-profit, in: Bangladesh, Polonia, Marocco, Canada, Algeria, Egitto, Messico, Romania, India, Yemen e tanti altri paesi.

In questo spirito avanzato e con questo impegno concreto, le poesie di Kosta esprimono profondamente l'umanismo e la compassione per i connazionali e l'umanità che soffrono povertà, difficoltà e dolore.

Uno dei doveri del poeta è essere il piangente che piange per il dolore dell'altro.

Leggendo le poesie di Kosta come "Un pezzo di pane" e "Fame", sono stata profondamente commossa dal suo cuore pieno d'amore e dal suo senso del dovere poetico.

"Per non sentire i battiti deboli

dei miei fratelli

pallidi, con labbra screpolate

come la terra sotto i piedi.

Pezzo di pane

non ti sbriciolare!

Dov'è Gesù per farti moltiplicare?

(Da: UN PEZZO DI PANE)

Pur appellandosi al dolore dei suoi fratelli con compassione, Kosta non si limita alla sola pietà, ma conduce la luce della speranza in poesie come "La luce della sopravvivenza", portando il lettore alla guarigione.

> Tu... Donna... Rialzati!
>
> spogliati da tutto ciò nega
>
> la "Dea" che c'è in te.
>
> Disarmati dalla confine
>
> della pazienza, della violenza!
>
> (...)
>
> Rifiorisci... canta... sorridi...
>
> urla la tua libertà
>
> prigione dell'essere spregevole
>
> che tramonta il cammino del tuo essere.
>
> Tu... Donna...
>
> Grande... Unica... Divina.
>
> Risorgi... Vivi!!!

In "Risorgi Donna Divina", Kosta incoraggia con tono forte e appassionato le donne, di cui la dignità umana non viene rispettata equamente, a risvegliare la dignità più misteriosa, la "Dea", e a liberarsi dalla negazione, violenza e oppressione, esortandole a "gridare libertà", "rifiorire…

cantare" per "rinascere… vivere".

Attraverso molte poesie simili, Angela Kosta rivolge uno sguardo affettivo ai deboli e agli emarginati del nostro tempo, rappresentandoli, appellandosi per loro, e andando oltre, donando loro forza e speranza. Angela Kosta è una poetessa umanista di compassione e portavoce degli svantaggiati.

Oltre ciò, è una grande poetessa, di cui la missione poetica brilla più di chiunque altro. Spero sinceramente che le sue poesie tocchino e commuovano i cuori dei lettori in Corea e nel mondo, diventando una luce di speranza.

Ancora una volta, le faccio le mie congratulazioni e le auguro felicità e fortuna.

Hye-Seon Lee
Critica letteraria, Dottoressa in letteratura, quarta Presidente dell'Associazione Coreana della Letteratura Mondiale.

| Congratulatory Message

Compassion, a Sense of Mission, and a Voice for the Weak

By Hye-Seon Lee

(4th president of Korean Association of World Literature)

First of all, I warmly congratulate the occasion of poet Angela Kosta's poetry collection Perla d'Amore being published in Korea in three languages: Korean, Italian, and English .

In August 1996, I was invited as the official Korean delegate along with Dr. Bang Gon, a scholar of French literature, and poet Shin Se-hoon (representing Free Literature, former chairman of International PEN Korea) to the 35th Struga Poetry Evenings held in Macedonia.

I still cherish the meaningful and beautiful memories of reading poems during the opening ceremony on the newly made "Bridge of Poetry" boat, and then at midnight on the sandy shore of Lake Ohrid—because the days are long there—where we recited poetry under the moonlight and shared heartfelt conversations.

From Seoul to France, then from France to Sofia, Bulgaria, I traveled for a day and then took a car sent from Macedonia across plains covered with thistles to reach Struga.

Since Albania shares a border with Macedonia and Lake Ohrid lies between these two countries, I feel a close connection to Albania as if I had visited it myself.

Therefore, it is a great pleasure and honor to write a congratulatory message for Angela Kosta's poetry collection published in three languages. Angela Kosta is well-known as a prominent Albanian poet, translator, essayist, journalist, literary critic, publisher, and an internationally recognized literary figure.

Angela Kosta has translated many poems by Korean poets, including mine, into Albanian and Italian, introducing them to Europe and many countries around the world. Thanks to the diligent efforts of Dr. Kang Byeongcheol from Korea and poet Kosta, many Korean poems have taken flight worldwide, for which I offer my deepest respect and gratitude.

Ms. Kosta serves as the vice president of a humanist organization and is appointed as a cultural and peace ambassador by nonprofit cultural and peace organizations in Bangladesh, Poland, Morocco, Canada, Algeria, Egypt, Mexico, Romania, India, Yemen, and other countries.

Under this advanced spirit and practical commitment, Kosta's poems deeply express humanism and compassion for compatriots and humanity suffering from poverty, hardship, and pain.

One of the poet's duties is to play the role of a mourner who weeps on behalf of the suffering Other. Reading Kosta's poems such as A Piece of Bread and Hunger, I was deeply moved by her heart filled with love and the poet's sense of mission.

> The weak heartbeats of my brothers,
>
> pale, with cracked lips,
>
> like the earth beneath our feet.
>
> O piece of bread,
>
> do not crumble!
>
> Where is Jesus to multiply you?
>
> — from A Piece of Bread

While she appeals to the pain of her brothers with compassion, she does not end in mere sympathy but draws a light of hope in poems such as The Light of

Survival, leading readers toward healing.

> You… Woman… Rise!
> Strip away all that denies
> The "Goddess" within you.
> Disarm yourself at the borders
> Of patience, of violence!
> (…)
> Bloom anew… sing… smile…
> Shout out your freedom—
> Break the prison built by
> The vile being who dims your path.
> You… Woman…
> Great… Unique… Divine.
> Rise… and Live!!!

In Rise, Sacred Woman, Kosta passionately encourages women, whose dignity as human beings is not equally respected, to awaken the most mysterious dignity within—the 'Goddess'—and to break free from denial, violence, and oppression, urging them to "shout freedom," "bloom again… sing," and "rise… live."

Through many such poems, Angela Kosta shows warm attention to the weak and marginalized of our time, speaking for them, appealing on their behalf, and further giving them strength and hope. She is a humanist poet of compassion and an advocate for the vulnerable.

Angela Kosta is a great poet whose sense of mission as a poet shines more strongly than anyone else. I sincerely wish that her poems will touch and move the hearts of readers in Korea and around the world, becoming a bright light of hope.

Once again, I congratulate her and wish her happiness and good fortune.

Hye-Seon Lee
literary critic, doctor of literature, 4th president of Korean Association of World Literature.

| 축사

우주의 섭리와 세계와의 조화가
영혼의 깊은 곳에 투영되기를

양 금 희 (제주PEN 회장)

존경하는 안젤라 코스타 시인의 시집 『사랑의 진주』가 한국에서 출간됨을 매우 기쁘게 생각하며, 온 마음을 다해 축하드립니다. 그동안 안젤라 코스타 시인은 인류애를 바탕으로 전 세계 문인들의 작품을 그녀의 광대한 글로벌 네트워크를 활용하여 국제 시 교류에 헌신해 왔습니다. 특히, 한국세계문학협회 부회장으로서 한국 문인들의 작품을 전 세계에 소개하는 데 헌신해 주신 덕분에 한국 문인들이 작품이 세계 유수의 언론 매체에 소개될 수 있었고, 세계적인 위상을 드높일 수 있었습니다. 그녀의 국제시 교류를 위한 숭고한 정신과 헌신에 한국세계문학협회 2대 회장으로서 감사와 존경을 보냅니다.

안젤라 코스타 작가는 발칸반도 서쪽에 있는 알바니아

엘바산에서 태어나, 1995년부터 이탈리아에 거주하며 문학지 『MIRIADE』의 집행이사이자, 번역가, 수필가, 언론인, 문학 평론가, 출판인, 그리고 국제적인 문학인으로 널리 알려져 있습니다. 그녀는 지금까지 알바니아어, 이탈리아어, 영어, 터키어, 아랍어, 프랑스어로 된 소설, 시, 동화 등 총 28권의 저서를 출간하며, 활발한 문학 활동을 이어오고 있습니다. 그녀의 문학 작품과 번역물은 유럽과 아시아, 아프리카 등 대륙을 넘나들며 다양한 국가의 문예지와 신문에 실렸습니다. 그녀는 다국적 매체와도 활발히 협업 중입니다.

그녀는 다양한 국가에서 간행된 수많은 국제 공동 시집의 공동 저자로 참여했으며, 알바니아어-이탈리아어 간의 쌍방향 번역을 통해 170여 명의 작가 작품을 소개하고, 600명 이상의 시인과 85명의 예술가를 국내외 문예지에 적극적으로 홍보해 왔습니다. 그뿐만 아니라, 알바니아 및 코소보 출신 시인 8명의 시집을 번역했고, 이탈리아의 고전과 귀족 시인 등 다수의 저명 작가 작품도 다국어로 번역해 왔습니다.

그녀는 한국세계문학협회 부회장, 휴머니스트 단체 부회장, 그리고 방글라데시, 폴란드, 모로코, 캐나다, 알제리, 이집트, 멕시코, 루마니아, 인도, 예멘 등지의 비영리 문화·평화 단체에서 문화 및 평화 대사로 위촉되어 활동하고 있습니다. 그런 그녀의 시집이 한국에서 출판되는 것을 한국 독자의 한사람으로서 매우 기쁘게 생각합니다.

알바니아와 대한민국은 1991년에 외교관계를 맺었습니다. 안젤라 코스타 시인의 시를 읽으면서, 알바니아가 처한 처절한 현실과 고통이 무겁게 느껴져 마음이 너무 아프고 안타깝습니다. 알바니아는 우리에게는 생경한 나라이지만 우정의 유대는 우리가 모두 같은 하늘 아래에 사는 같은 행성의 거주자라는 이유만으로도 강화될 수 있습니다.

진주는 조개 속에서 인고의 시간을 거쳐야만 아름다움으로 완성되어 우리에게 옵니다. 시인은 마음의 창문을 통해 보이는 현상을 지각하고 통찰력을 얻어 새로운 언어로 조각하며 시를 세상과 나눕니다. 이러한 방식으로 시인은 자연과 주변에서 일어나는 관찰을 통해 우주의 섭리와 세계와의 조화를 영혼의 깊은 곳에 투영합니다. 이러한 맥락에서 안젤라 코스타 시인의 시집 『사랑의 진주』에는 알바니아 전체에 대한 강렬한 감정이 반영되어 있으며, 그녀의 작품은 알바니아가 처한 현실에서 관찰한 경험을 기반으로 인간의 내면을 사유합니다.

자신의 운명이 정한 한계를 결코 넘을 수 없다고 여기는 평범한 사람들에게 절망과 희망의 이중성은 가장 어려운 선택이지만 함께 희망을 노래하려는 마음을 멈추어서는 안 될 것입니다. 바위틈 속에 뿌리내린 좁쌀만큼 작은 씨앗 하나가 아름드리나무로 성장한 것을 본 적이 있습니다. 그런 기적을 보아왔기에 고통의 언덕 너머에 있는 희망을 꿈꿉니다.

알-애벌레-번데기를 거쳐 아름다운 나비가 탄생하듯 희

망의 아름다운 날개가 펼쳐지기 위해서는 고통이 수반되는 것입니다. 멍들고 아픈 마음의 자리가 저마다 있습니다. 감동적이고 아름다운 언어로 쓰인 시도 상처 위에 쓰인 것이며 희망과 용기를 주는 상처 치료제가 됩니다. 희망 부자들이 많아질수록 세상은 더 따뜻하고 살맛 날 것입니다. 그녀의 시가 상처 치료제가 되기를 바랍니다.

아름답고 강력한 시를 통해 슬픔과 아픔을 이겨내고, 어두운 밤을 밝히는 등불이 될 수 있습니다. 시는 위로의 꽃, 마음의 평화를 위한 희망이 됩니다. 연약한 희망의 불꽃을 활활 타오르게 하여 세상을 환히 밝히기 위해서는 시를 읽고 사랑해 주는 독자들의 따뜻한 마음이 꼭 필요합니다. 아울러 다른 언어의 시가 한국 독자들에게 소개되기 위해서는 최고의 시적 감성과 언어로 번역되고 출판되어야만 합니다. 한국세계문학협회 창립회장이신 강병철 박사님의 인류애를 기반으로 하는 고매한 정신이 있어 안젤라 코스타 시인의 시가 한국어, 이탈리아어, 영어 삼중언어로 한국에서 출판될 수 있게 되었습니다. 알바니아 시인의 시를 한국에서 만날 수 있게 된 것을 한국 독자의 한사람으로서 매우 기쁘게 생각하며, 세계문학과의 국제 교류를 위한 문학의 가교역할로서 뜻깊은 작업에 헌신해 주신 강병철 박사님께도 경의를 표합니다.

안젤라 코스타 시인의 시는 알바니아의 상황을 세심하게 관찰함으로써 그녀의 시는 고통과 깊은 사유를 통해 형성된 인간의 경험을 흡수하고 통합하고 인간 세계에서 펼쳐지는 진리를 발견할 수 있도록 합니다. 그녀의 시가 작은 조개 속에서 인고의 시간을 거쳐 탄생하는 영롱한 진주처럼 어두운 시기에도 위안과 희망을 주고, 우주의 섭리와 세계와의 조화가 영혼의 깊은 곳에 투영되어 한국 독자와 전 세계독자들에게도 많은 감동과 사랑을 받기를 기원합니다.

양금희
한국세계문학협회 2대 회장, 제주PEN 회장, 명예박사, 한국평화협력연구원 문화예술부원장, 전)제주국제대학교 특임교수, 〈삼다일보〉 논설위원

| Messaggio di congratulazioni

Che La Legge Cosmica E L'Armonia Con Il Mondo Si Riflettono Nel Profondo Dell'Anima

By Geum-Hee Yang (Presidente del PEN di Jeju)

È con grande gioia e profonda emozione che celebro la pubblicazione in Corea del Sud della raccolta poetica della stimata poetessa Angela Kosta, PERLE D'AMORE. Le porgo i miei più sinceri complimenti e ringraziamenti.

Angela Kosta ha dedicato la sua vita alla promozione della poesia internazionale, sostenuta da un profondo amore per l'umanità. Attraverso una vasta rete globale, ha svolto un ruolo centrale nello scambio poetico tra i popoli del mondo. In particolare, come Vice Presidente dell'Associazione Coreana Della Letteratura Mondiale, ha contribuito in modo determinante, a far conoscere le opere degli scrittori coreani in tutto il mondo. Grazie al suo impegno, molti autori del nostro paese, hanno potuto essere pubblicati nei principali media letterari internazionali, contribuendo a rafforzare il prestigio della letteratura coreana.

In qualità di seconda Presidente dell'Associazione Coreana Della Letteratura Mondiale, desidero esprimere la mia profonda gratitudine e rispetto per il suo spirito nobile e la sua dedizione.

Nata a Elbasan, in Albania, situata nella parte occidentale dei Balcani, Angela Kosta risiede in Italia dal 1995. È Direttrice Esecutiva della rivista letteraria MIRIADE, traduttrice, saggista, giornalista, critica letteraria, editrice e rinomata figura letteraria internazionale. Finora ha pubblicato 29 opere, tra romanzi, poesie e racconti per bambini, in: albanese, italiano, inglese, turco, arabo e francese, mantenendo un'attività letteraria intensa. Le sue opere e traduzioni sono apparse su riviste e giornali in Europa, Asia e Africa, collaborando attivamente anche con media internazionali.

È stata coautrice di numerose antologie poetiche internazionali e ha promosso più di 170 scrittori, traducendo in entrambe le direzioni dall'albanese all'italiano e viceversa. Ha anche presentato le opere di oltre 850 poeti e 125 artisti, su riviste letterarie nazionali e internazionali. Inoltre, ha tradotto le raccolte poetiche di otto poeti albanesi e kosovari, così come le opere di illustri autori italiani classici e aristocratici in più lingue.

Angela Kosta ricopre numerosi incarichi culturali e di pace, tra cui il ruolo della Vicepresidente dell'Associazione Coreana Della Letteratura, e ambasciatrice di pace e cultura in vari enti no- profit, situati in: Bangladesh, Polonia, Marocco, Canada, Algeria, Egitto, Messico, Romania, India, Yemen e altri paesi. Sono quindi particolarmente felice, come lettrice coreana, di vedere la sua raccolta poetica pubblicata nel nostro paese.

Corea del Sud e Albania hanno stabilito relazioni diplomatiche nel 1991.

Leggendo le poesie di Angela Kosta, percepisco con dolore e compassione, la tragica realtà che affligge il suo paese d'origine. Sebbene l'Albania ci sia ancora poco familiare, i legami d'amicizia possono rafforzarsi semplicemente nel riconoscerci, abitanti dello stesso pianeta sotto un unico cielo.

La perla nasce solo dopo un lungo processo di sofferenza all'interno della conchiglia. Il poeta percepisce il mondo attraverso le finestre dell'anima, traendo intuizioni che scolpisce in un linguaggio nuovo, condividendole con il mondo attraverso la poesia. In questo processo, egli riflette nel profondo dell'anima l'ordine dell'universo e l'armonia con il mondo.

In tal senso, Perle dell'Amore di Angela Kosta trasmette sentimenti intensi verso tutta l'Albania e, basandosi sull'osservazione della realtà albanese, la sua opera esplora in profondità l'interiorità dell'essere umano.

Per coloro che credono di non poter mai superare i limiti imposti dal proprio destino, l'alternanza tra disperazione e speranza è una delle scelte più difficili. Tuttavia, non bisogna mai smettere di cantare la speranza. Ho visto un minuscolo seme, grande quanto un chicco di miglio, germogliare tra le fessure delle rocce e crescere fino a diventare un maestoso albero. Proprio perché ho assistito a tali miracoli, sogno la speranza che attende oltre le colline del dolore.

Come il bruco che si trasforma in crisalide e poi in farfalla, anche la speranza ha bisogno di sofferenza per dispiegare le sue ali splendenti. Tutti portiamo cicatrici nel cuore. Una poesia scritta in un linguaggio emozionante e raffinato può nascere da una ferita e diventare un balsamo capace di lenire, infondere speranza e coraggio. Più persone abbracciano la speranza, più il mondo diventa caloroso e degno di essere vissuto. Spero che le poesie di Angela Kosta diventino questo balsamo curativo.

Attraverso parole forti e splendide, la poesia può aiutare

a superare dolore e tristezza, diventando una luce nella notte buia. La poesia è un fiore di consolazione, una speranza per la pace del cuore. Per far brillare questa fragile fiamma della speranza e illuminare il mondo, è fondamentale il calore dei lettori che leggono e amano i versi. Inoltre, affinché poesie scritte in altre lingue possano arrivare ai lettori coreani, è necessario che siano tradotte e pubblicate con la massima sensibilità poetica e cura linguistica.

Grazie all'alto spirito umanitario del Dott. Kang Byeong-Cheol, fondatore dell'Associazione Coreana Della Letteratura, le poesie di Angela Kosta sono state pubblicate in Corea in una raffinata edizione trilingue: coreano, inglese e italiano. Come lettrice coreana, sono profondamente felice di poter leggere la poesia di una poetessa albanese nel mio paese.

Rendo omaggio al Dott. Kang Byeong-Cheol per il suo impegno nel costruire un ponte letterario per l'interscambio internazionale della letteratura mondiale.

Attraverso un'attenta osservazione della situazione albanese, Angela Kosta ha saputo integrare e trasformare l'esperienza umana della sofferenza in una poesia che ricerca la verità nel cuore dell'umanità. Come una perla che nasce nella conchiglia dopo un lungo periodo di gestazione, spero che la sua poesia doni conforto e speranza anche nei tempi oscuri, e che l'ordine dell'universo e l'armonia con il mondo si riflettessero profondamente nell'anima dei lettori in Corea e nel mondo intero.

Geum-Hee Yang
Seconda Presidente dell'Associazione Coreana Della Letteratura Mondiale e Presidente del PEN Club di Jeju, Dottore Honoris Causa, Direttrice del Dipartimento Cultura e Arti del Korea Institute for Peace and Cooperation, Docente Straordinaria all'Università Internazionale di Jeju, editore di Samda Ilbo

| Congratulatory Message

May the law of the universe and harmony with the world be reflected in the depths of the soul

By Geum-Hee Yang (President of Jeju PEN)

It brings me great joy and heartfelt pleasure to celebrate the publication of the poetry collection The Pearls of Love by the esteemed poet Angela Kosta in Korea. I extend my warmest congratulations.

Angela Kosta has long devoted herself to international poetic exchange, guided by a deep love for humanity. With her vast global literary network, she has passionately supported the works of writers around the world. Especially as Vice President of the Korean Association of World Literature, she has played a significant role in introducing Korean writers to global audiences. Thanks to her dedication, Korean literature has been featured in prominent international media, helping to elevate its global stature. As the second President of the Korean World Literature Association, I express my sincere gratitude and respect for her noble spirit and unwavering commitment.

Angela Kosta was born in Elbasan, Albania, located in the western Balkans, and has lived in Italy since 1995. She is well-known internationally as the Executive Director of the literary magazine MIRIADE, a translator, essayist, journalist, literary critic, publisher, and poet. To date, she has published 28 books—including novels, poetry, and children's literature—in Albanian, Italian, English, Turkish, Arabic, and French, continuing her vigorous literary activity. Her literary works and translations have been featured in journals and newspapers across Europe, Asia, and Africa, and she actively collaborates with multinational media outlets.

She has contributed as a co-author to numerous international anthologies and has translated the works of over 170 writers between Albanian and Italian. Moreover, she has actively promoted over 600 poets and 85 artists in both domestic and international literary journals. She has also translated the poetry collections of eight poets from Albania and Kosovo, and has rendered into multiple languages the works of many renowned classical and aristocratic Italian poets.

She serves not only as Vice President of the Korean Association of World Literature but also as Vice President of a humanist organization and as a cultural and peace ambassador for nonprofit organizations in Bangladesh, Poland, Morocco, Canada, Algeria, Egypt, Mexico, Romania, India, Yemen, and other countries. As a Korean reader, I am truly delighted to see her poetry published in Korea.

Albania and the Republic of Korea established diplomatic relations in 1991. Reading Angela Kosta's poetry, I am deeply moved and saddened by the painful reality and suffering her country endures. Although Albania may feel unfamiliar to us, the bonds of friendship can be strengthened simply because we are fellow inhabitants of the same planet under a shared sky.

Just as a pearl is born only after enduring time and struggle inside a shell, a poet perceives the world through the windows of the soul, gaining insight and expressing it in a new language to share with the world. Through this process, the poet reflects the law of the universe and harmony with the world in the depths of the soul. In this context, The Pearls of Love by Angela Costa contains profound emotions for all of Albania. Her work is rooted in observations of her country's harsh reality, and explores the inner life of humanity.

For ordinary people who believe they can never transcend the limits set by fate, the duality of despair and hope may be the most difficult choice. Yet, we must not stop striving to sing together for hope. I have seen a tiny seed, no larger than a grain of millet, take root between rocks and grow into a majestic tree. Because I have witnessed such miracles, I continue to dream of hope that lies beyond the hills of suffering.

Just as a beautiful butterfly is born through the painful process of egg–larva–pupa, the beautiful wings of hope require suffering to unfold. We all carry bruises and wounds in our hearts. Poems written in moving and beautiful language are often written over those wounds, becoming healing balms that offer hope and courage. The more people become rich in hope, the warmer and more livable the world will be. I hope that her poetry will become such a healing balm.

Through beautiful and powerful poetry, we can overcome sorrow and pain, and poetry can become a light that brightens even the darkest nights. It is a flower of consolation, a beacon of peace for the heart. In order for the delicate flame of hope to burn brightly and illuminate the world, the warm support of readers who read and cherish poetry is essential. Moreover, for poems written in other languages to reach Korean readers, they must be translated and published with the highest poetic sensibility and linguistic refinement.

Thanks to the noble humanitarian spirit of Dr. Kang Byeong-Cheol, founding president of the Korean World Literature Association, Angela Costa's poetry has been published in Korea in a trilingual edition—Korean, English, and Italian. As a Korean reader, I am deeply pleased to encounter the poetry of an Albanian poet in my country. I also pay tribute to Dr. Kang Byeong-Cheol for his dedication to this meaningful endeavor, building a literary bridge for international exchange in world literature.

Angela Kosta's poetry, born from careful observation of Albania's circumstances, absorbs and integrates the human experience shaped by suffering and deep reflection. Her poems discover truths unfolding in the human world. Like a radiant pearl formed within a small shell through patient endurance, may her poetry offer comfort and hope even in dark times, and may the law of the universe and harmony with the world be reflected in the depths of the soul—moving and inspiring readers in Korea and around the world.

Poet Ms. Geum-Hee Yang
Second President, Korean World Literature Association, President, Jeju PEN, Honorary Ph.D. Vice President of Korea Institute for Peace and Cooperation, Former Special Professor, Jeju International University, Editorial Writer, Samda Ilbo

| 축사

비 갠 하늘에 드리운 푸른 빛처럼

임 솔 내 (한국세계문학협회 제6대 회장)

존경하는 안젤라 코스타Angela Kosta 시인의 시집 『사랑의 진주PERLA D'AMORE』가 한국에서 출간되게 된 것을 진심으로 축하드립니다.

안젤라 코스타 시인께서는 한국세계문학협회Korean Association of World literature 부회장으로 재직하시며, 전 세계 다양한 공동 시집에 저자로 참여하셨고, 국내외 유수 작가들의 작품을 다국어로 번역하며 문학의 다리를 놓아오신 분입니다.

무엇보다도, 한국 문학의 아름다움과 깊이를 세계에 알리고자 쉼 없이 헌신해 오신 그 열정과 노력 덕분에, 한국 작가들의 작품이 세계 유수의 언론과 문학 무대에 널리 소개될 수 있었습니다. 이에 한국세계문학협회 회장으로서 깊은 감사와 존경의 마음을 전합니다.

알바니아에서 태어난 안젤라 코스타 시인은 폴란드, 모로코, 캐나다, 알제리, 이집트, 멕시코, 루마니아, 인도, 예멘 등 여러 나라의 비영리 문화·평화 단체에서 문학과 평화의 대사로 활동하며, 인류 보편의 가치와 희망을 시로 풀어내는 귀한 사명을 감당하고 계십니다.

그분의 시는 단지 아름다운 언어의 집합체가 아닙니다.

모국 알바니아의 현실을 직시하면서도, 고통을 외면하지 않고 오히려 그 속에서 인간의 내면을 섬세하게 들여다보며, 절망 너머의 희망을 강인한 언어로 일구어내는 깊은 사유의 문학입니다.

그의 시편은 마치 무거운 어둠을 이겨낸 진주처럼, 슬픔의 바다를 건너온 청자의 빛처럼, 비가 그친 하늘에 스며드는 푸른 빛처럼, 인간의 고통 뒤에 피어나는 회복과 평화, 사랑과 존엄을 노래합니다.

까치는 가족을 위해 입이 헐도록 나뭇가지를 물어다 집을 짓고, 진주는 깊은 어둠 속에서 고통을 견뎌 비로소 빛을 품습니다.

청자의 고결한 색이 비 갠 하늘빛을 닮았듯, 고통의 시간을 지나온 자리엔 언제나 무지개처럼 피어나는 희망이 존재합니다.

안젤라 코스타 시인의 시를 읽는 이들은 비극적 현실 속에서도 생의 존엄과 사랑, 평화의 가능성을 끝내 놓지 않는 언어의 힘에 깊은 울림을 받게 될 것입니다.

이번 『사랑의 진주』는 한국어, 이탈리아어, 영어의 삼중 언어로 출간되며, 그 깊은 메시지가 국경을 넘어 더 많은 독자들의 마음에 닿게 될 것입니다.

특히, 본 출간이 가능하도록 힘써 주신 한국세계문학협회 창립 회장이신 강병철 박사님의 인류애적 비전에 깊이 감사드리며. 이 책이 한국은 물론 전 세계 독자들에게도 널리 사랑받기를 간절히 기원드립니다.

고통 너머의 희망을 노래하는 『사랑의 진주』의 출간을 다시 한번 진심으로 축하드립니다.

임솔내
국제윤리학회 세계대사, 한국세계문학협회 제6대 회장

| Messaggio di congratulazioni

Come La Luce Azzurra Che Si Diffonde Nel Cielo Dopo La Pioggia

By Sol-Nae Im

(Presidente della Korean Association of World Literature)

Esprimo le mie più sincere congratulazioni alla poetessa Angela Kosta per la pubblicazione della sua raccolta poetica "Perla d'Amore" in Corea.

In qualità di Vicepresidente dell'Associazione Coreana Della Letteratura, Angela Kosta ha dato contributi straordinari alla letteratura mondiale, partecipando a numerose antologie internazionali e traducendo le opere di eminenti scrittori, in più lingue. Grazie alla sua dedizione e passione, ha svolto un ruolo fondamentale nel far conoscere al mondo la bellezza e la profondità della letteratura coreana. Per questo, in qualità di Presidente della Korean Association of World Literature, desidero esprimere il mio più profondo rispetto e la mia sincera gratitudine.

Nata in Albania, Angela Kosta ha inoltre operato attivamente come Ambasciatrice della letteratura e della pace in diverse organizzazioni culturali, senza scopo di lucro, in tutto il mondo, tra cui: Polonia, Marocco, Canada, Algeria, Egitto, Messico, Romania, India e Yemen. Le sue attività letterarie incarnano i valori universali dell'umanità e trasmettono un messaggio di speranza.

La sua poesia non è soltanto un'espressione di linguaggio raffinato. Riflettendo sulle realtà della sua terra d'origine, affronta la sofferenza con sincerità e la trasforma in meditazioni profonde che rivelano la speranza oltre la disperazione. La sua opera risuona come una testimonianza di rinascita, di pace, di amore e di dignità.

La pubblicazione trilingue di Perla d'Amore in coreano, inglese e italiano permetterà al suo messaggio di superare i confini e di raggiungere i lettori di tutto il mondo.

Desidero esprimere la mia sincera riconoscenza al Dott. Kang Byeong-Cheol, Presidente Fondatore della Korean Association of World Literature, la cui visione umanistica ha reso possibile questa pubblicazione. È mio vivo auspicio che questo libro sia accolto con affetto dai lettori in Corea e a livello internazionale.

Ancora una volta, porgo le mie più sentite congratulazioni per la pubblicazione di Perla d'Amore, un'opera che porta con sé un messaggio di speranza oltre la sofferenza.

Sol-Nae Im
Presidente Dell'Associazione Coreana Di Letteratura Mondiale, Ambasciatore Mondiale Dell'Accademia Di Etica.

| Congratulatory Message

Like the Blue Light Cast Across a Rain-Cleared Sky

By Sol-Nae Im

(President of Korean Association of World Literature)

I extend my sincere congratulations to poet Angela Kosta on the publication of her poetry collection Perla d'Amore (Pearl of Love) in Korea.

As Vice President of the Korean Association of World Literature, Angela Kosta has made remarkable contributions to global literature by participating in numerous international anthologies and translating the works of distinguished writers into multiple languages. Through her dedication and passion, she has played a vital role in introducing the beauty and depth of Korean literature to the world. For this, I express my deepest respect and gratitude as President of the Korean Association of World Literature.

Born in Albania, Angela Kosta has also served actively as an ambassador of literature and peace in various nonprofit cultural and peace organizations across the world, including Poland, Morocco, Canada, Algeria, Egypt, Mexico, Romania, India, and Yemen. Her literary activities embody universal human values and convey hope for humanity.

Her poetry is not merely an expression of beautiful language. While reflecting on the realities of her homeland, she faces suffering with honesty and transforms it into profound meditations that reveal hope beyond despair. Her work resonates as a testament to recovery, peace, love, and dignity.

The trilingual publication of Perla d'Amore in Korean, English, and Italian will allow her message to transcend borders and reach readers around the globe.

I wish to express my sincere appreciation to Dr. Kang Byeong-Cheol, Founding President of the Korean Association of World Literature, whose humanistic vision made this publication possible. It is my earnest hope that this book will be warmly received by readers in Korea and worldwide.

Once again, I offer my heartfelt congratulations on the publication of Perla d'Amore, a work that carries a message of hope beyond suffering.

Sol-Nae Im
World Ambassador, International Academy of Ethics, President of Korean Association of World Literature

| 축사

세계에 전하는 사랑과 희망의 메시지

이 희 국 (한국세계문학협회 수석부회장)

존경하는 안젤라코스타Angela Kosta시인의 시집『사랑의 진주PERLA D'AMORE』한국어 번역판 발간에 축하의 글을 쓸 수 있음을 너무나 큰 영광으로 생각한다. 알바니아 엘바산에서 태어난 시인은 1995년부터 이탈리아에 거주하며 30여 년 동안 많은 시와 소설 그리고 동화 등 총 28권의 저서를 여러 나라의 언어로 출간한 바 있다. 그의 작품은 무려 40여 개의 언어로 번역되어 전 세계에 소개되었으며, 그녀의 번역물은 유럽과 미국, 아시아와 아프리카 등 대륙을 넘나들며 다양한 국가의 문예지와 신문에 실렸다. 2023년에는 노벨문학상 수상자인 '조수에 알렉산드로 주세페 카르두치Giosue Alessandro Giuseppe Carducci' 작가의 번역을 맡아, 티라나의 『OBELISK』문예지에 최우수 번역가로 선정되기도 했다.

세계 각국의 분쟁 및 고국에서도 빚어진 전쟁의 아픔, 그리고 기후와 환경오염 등으로 무너져가는 인류의 미래를 직시하며, 총체적인 변화를 자각하고 글로써 요구해 온 그의 작품들은 세계에 전하는 희망의 메시지로 전해지고 있다.

널리 사람을 이롭게 하는 나눔의 마음으로 우수한 세계 시인들의 작품을 번역하고 전파하는 데 전심을 기울여 온 시인은 그동안 미국과 독일, 방글라데시, 튀르키예, 타지키스탄 등 다국적 매체와도 활발히 협업하며 세계의 문학 교류에 일조하고 있다. 그동안 필자를 비롯한 세계의 우수작가 170여 명의 작품을 번역 소개하고 600명 이상의 시인과 85명의 예술가를 국내외 문예지에 적극적으로 소개한 바 있다. 그의 소중한 헌신은 세계인의 더 넓은 정신적 교류로 인해 세계의 문학 발전과 함께 상호 이해와 존중 그리고 나눔의 정신을 증진하는데 이바지하는 빛나는 여정이라 생각하며 언제나 감사의 눈길로 존경과 찬사를 보낸다.

마지막으로 갈등의 고통에 신음하였던 시인의 고국 알바니아도 가까운 시일 내에 어둠이 사라지고 떠오르는 해처럼 밝고 웅장한 하늘의 기운이 깃들어 번영과 축복의 땅으로 거듭나기를 간절한 마음으로 기원한다.

이희국
한국세계문학협회 수석부회장

| Messaggio di congratulazioni

Un Messaggio D'Amore E Di Speranza Al Mondo

By Hee-Kuk Lee (Korean Association of World Literature)

È per me un grande onore scrivere un messaggio di congratulazioni per la pubblicazione della traduzione coreana di Perla d'Amore, la raccolta poetica della stimata poetessa Angela Kosta. Nata a Elbasan, in Albania, la poetessa vive in Italia dal 1995. Nel corso di trent'anni ha pubblicato ventinove volumi di poesia, romanzi e fiabe, molti dei quali sono stati tradotti in diverse lingue. Le sue opere sono state introdotte al mondo, attraverso traduzioni in oltre quaranta lingue e sono apparse in riviste letterarie e giornali in Europa, negli Stati Uniti, in Asia e in Africa. Nel 2023, è stata insignita del titolo di "Miglior Traduttrice" dalla rivista letteraria OBELISK di Tirana per la sua eccellente traduzione del Nobelista per la Letteratura Giosuè Alessandro Giuseppe Carducci.

Affrontando il dolore delle guerre e dei conflitti, sia nella sua terra natale, sia in tutto il mondo insieme alle urgenti crisi del cambiamento climatico e della distruzione ambientale che minacciano il futuro dell'umanità, ella ha costantemente invocato, attraverso i suoi scritti, un cambiamento fondamentale. Le sue opere risuonano come messaggi di speranza rivolti al mondo. Con uno spirito di condivisione volto a giovare l'umanità, si è dedicata con passione alla traduzione e alla diffusione delle opere di poeti straordinari provenienti da tutto il globo. Inoltre, ha collaborato attivamente con testate internazionali negli Stati Uniti, in Germania, Bangladesh, Turchia, Tagikistan, India e oltre, contribuendo così in modo significativo agli scambi letterari mondiali.

Il suo instancabile impegno che include la traduzione e la presentazione delle opere di oltre 170 scrittori illustri, tra cui anche le mie, così come l'introduzione attiva di più di 850 poeti e 125 artisti su piattaforme letterarie nazionali e internazionali, costituisce un percorso luminoso. Attraverso queste nobili iniziative, ella ha promosso lo sviluppo della letteratura mondiale, ha favorito la comprensione e il rispetto reciproci e ha approfondito lo spirito di condivisione. Per tutto questo, esprimo la mia profonda gratitudine, ammirazione e rispetto.

Infine, prego con fervore che il Kosovo, molto cara alla poetessa, che a lungo ha sofferto sotto il peso dei conflitti, possa presto liberarsi dalle sue oscurità e rinascere, come un sole nascente, a terra di prosperità e di benedizione sotto un cielo luminoso e maestoso.

Hee-Kuk Lee
Vicepresidente Dell'Associazione, Coreana Della Letteratura Mondiale

| Congratulatory Message

A Message of Love and Hope to the World

By Hee-Kuk Lee

(Senior Vice President of Korean Association of World Literature)

It is a great honor for me to write a congratulatory message on the publication of the Korean translation of Perla d'Amore (Pearl of Love), the poetry collection of the esteemed poet Angela Kosta. Born in Elbasan, Albania, the poet has lived in Italy since 1995. Over the past thirty years, she has published twenty-eight volumes of poetry, novels, and fairy tales, many of which have been translated into various languages. Her works have been introduced to the world through translations into more than forty languages, appearing in literary journals and newspapers across Europe, the United States, Asia, and Africa. In 2023, she was honored as "Best Translator" by OBELISK, a literary magazine in Tirana, for her outstanding translation of Nobel Prize laureate Giosuè Alessandro Giuseppe Carducci.

Confronting the pain of wars and conflicts—both in her homeland and around the globe—along with the urgent crises of climate change and environmental destruction that threaten humanity's future, she has consistently called for fundamental change through her writings. Her works resonate as messages of hope delivered to the world. With a spirit of sharing that seeks to benefit humanity, she has devoted herself to translating and disseminating the works of outstanding poets from around the globe. She has also actively collaborated with international media outlets in the United States, Germany, Bangladesh, Türkiye, Tajikistan, and beyond, thereby contributing greatly to global literary exchange.

Her tireless efforts—which include translating and presenting the works of more than 170 distinguished writers, including my own, as well as actively introducing over 600 poets and 85 artists in domestic and international literary platforms—constitute a shining journey. Through these noble endeavors, she has advanced the development of world literature, fostered mutual understanding and respect, and deepened the spirit of sharing. For this, I extend my enduring gratitude, admiration, and respect.

Finally, I earnestly pray that Albania, the poet's homeland, which has long groaned under the pain of conflict, will soon cast off its darkness and, like a rising sun, be reborn as a land of prosperity and blessing under a bright and majestic sky.

Lee Hee Kuk
Senior Vice President of Korean Association of World Literature

| 축사

안젤라 코스타의 자연과 생명의 초월성

구 명 숙 (서초문화원 원장)

안젤라 코스타Angela Kosta 시인의 시집 『PERLA D'AMORE』가 강병철 박사님의 한국어 번역으로 한국 땅에서 『사랑의 진주』로 새롭게 태어났습니다. 마음 깊이 기뻐하며 축하드립니다. 강병철 박사님의 유려한 한국어 번역 덕분에 저도 세계적인 시인 안젤라 코스타의 작품을 편안히 읽게 되었습니다.

안젤라 코스타의 시는 대부분 자연에서 출발하고 있음을 알 수 있습니다. 숲과 강, 바람, 별 같은 자연적 이미지가 단순한 풍경이 아니라 존재론적 상징으로 움직이며 별은 초월적 희망을 비추는 등불로 등장합니다. 그의 시는 자연을 통해 인간의 근원적 외로움과 연대, 그리고 존재 이유를 탐색하는 특징이 있다고 봅니다.

또한, 삶과 죽음, 탄생과 소멸 같은 순환적 생명성을 시로 풀어냅니다. 특히 안젤라 코스타의 언어에는 여성적 목소리가 강하게 스며 있어, 부드럽지만 단단한 생명의 힘을 느끼게 합니다. 인간의 고통을 감싸안으면서도 생명을 끝까지 지켜내려는 눈물겨운 의지를 노래합니다. 이는 단순히 감상적인 여성성이 아니라, 존재를 끝까지 긍정하려는 힘으로 드러납니다.

마침내 그의 시 작품은 단순한 각각 묘사를 넘어 신비와 영성을 담아내며 독자가 삶의 근원적 의미를 성찰하게 합니다.

안젤라 코스타의 시는 감각적 서정에 머물지 않고 영적 차원으로 확장됩니다. 별빛을 통해 인간의 슬픔을 위로하고, 강물의 흐름 속에서 삶의 순환을 깨닫게 하며, 숲의 숨결 속에서 시간과 기억을 읽어냅니다. 그의 작품은 독자에게 단순한 '읽는 경험'이 아니라 명상적 성찰을 선사합니다. 그래서 코스타의 시는 종종 기도, 찬가, 묵상에 가까운 울림을 줍니다.

시 「한 조각의 빵」에서는 생존과 나눔을 노래합니다. 빵은 생존과 일상의 최소 단위를 상징합니다. 코스타는 빵을 단순한 음식이 아니라 존재를 지탱하는 최소한의 사랑과 희망으로 바라보며, '빵 한 조각'의 의미를 통해, 작은 것에서 드러나는 존엄과 생명의 신성성과 초월성을 노래합니다.

「인생」을 읽으면 인생은 직선이 아니라 '흐름'과 '순환'으로 나타납니다. 인생은 강처럼 흘러가며, 빛과 어둠, 희망과 절망을 교차합니다. 코스타는 인생을 고통으로만 보지 않고, 삶의 순환과 배움과 깨달음을 중요하게 드러냅니다.

「바알세불의 신격화」에서는 욕망과 악의 비판을 다루며, 결국 인간의 고통과 사랑, 사회적 비판과 영적 성찰을 아우르는 세계시인의 목소리를 들려줍니다. "인간은 스스로 만든 그림자 앞에 무릎 꿇고, 바알세불의 이름을 신처럼 부른다." 강한 이미지를 통해 현대 사회의 권력 숭배와 욕망의 타락을 비판하고 있습니다. 하지만 단순한 종교적 풍자가 아니라, 영적 각성과 윤리적 저항을 촉구하는 현대적 우화로 읽힙니다. 코스타의 언어는 간결하지만 이미지와 상징이 풍부하여 그 깊이와 넓이를 측량하기 어렵지만 독자에게 늘 신선한 새로움을 선사합니다.

구명숙
시인, 독일 빌레펠트 대학교 철학박사, 일본 소카대학 초빙교수, 와세다대학 방문교수
현재 숙명여자대학교 명예교수, 한국국립문학관 이사, 서초문화원 원장

| Messaggio di congratulazioni

La Trascendenza Della Natura E Della Vita In Angela Kosta

By Myong-sook Koo (Direttrice del Centro Culturale di Seocho)

La raccolta poetica di Angela Kosta "PERLA D'AMORE", è rinata in Corea come una vera Perla d'Amore, grazie alla traduzione in coreano del Dott. Kang Byeong-Cheol. Con gioia profonda e sincera, mi congratulo per questo grande traguard. Grazie alla maestria nella traduzione del Dott. Kang, ho potuto anch'io leggere con facilità le opere della poetessa di fama mondiale Angela Kosta. È evidente che la maggior parte delle poesie di Angela Kosta ha origine nella natura.

Le immagini di boschi, fiumi, brezza e stelle, non rimangono semplici paesaggi, ma si oscillano come simboli esistenziali. La stella, ad esempio, appare come una lampada che illumina la speranza trascendente. Attraverso la natura, la sua poesia esplora la solitudine fondamentale dell'essere umano, così come la solidarietà e le ragioni dell'esistenza.

Le sue opere esprimono anche la vitalità del ciclo della vita, nascita ed estinzione, vita e morte. In particolare, il suo linguaggio è intriso di una voce femminile che trasmette una forza vitale, dolce ma ben salda. Ella canta la volontà struggente di proteggere la vita fino in fondo, pur abbracciando la sofferenza umana. Non si tratta di una femminilità meramente sentimentale, ma di una forza che afferma l'esistenza fino all'estremo.

Infine, la sua poesia va oltre la semplice descrizione sensoriale e accoglie il mistero e la spiritualità, inducendo i lettori a riflettere sul significato fondamentale della vita. Le poesie di Angela Kosta non si fermano a una lirica sensoriale, ma si espandono in una dimensione spirituale. Attraverso la luce delle stelle consolano il dolore umano; nel fluire del fiume rivelano il ciclo della vita; nel respiro del bosco evocano il tempo e la memoria. Per il lettore, le sue opere non costituiscono una semplice "esperienza di lettura", ma offrono un invito alla contemplazione meditativa. Per questo, la poesia di Kosta spesso risuona come preghiera, inno o meditazione.

Nella poesia "Un pezzo di pane", ella canta la sopravvivenza e la condivisione. Il pane simboleggia l'unità minima della sopravvivenza e della vita quotidiana. Kosta considera il pane non come un semplice alimento, ma come il minimo indispensabile di amore e speranza, di cui sostiene l'esistenza. Attraverso il significato di "un pezzo di pane", ella celebra la dignità, la sacralità e la trascendenza della vita rivelata nelle cose più piccole.

Leggendo "La vita", questa non appare come una linea retta, ma come "flusso" e "ciclo". La vita scorre come un fiume, incrociando luce e oscurità, speranza e disperazione. Kosta non vede la vita soltanto come sofferenza, ma ne sottolinea i cicli, le lezioni e le rivelazioni.

In "L'apoteosi di Beelzebub", affronta la critica del desiderio e del male. Alla fine, la sua voce abbraccia la sofferenza e l'amore umano, la critica sociale e la riflessione spirituale, rivelandola come una vera poetessa universale.

"L'uomo si inginocchia davanti all'ombra da lui stesso creata e invoca il nome di Beelzebub come fosse Dio."

Con immagini così forti, ella denuncia il culto del potere e la corruzione del desiderio nella società moderna. Ma non si tratta di una semplice satira religiosa: si legge piuttosto come una favola moderna che invita al risveglio spirituale e alla resistenza etica. Il linguaggio di Kosta è conciso, ma ricco di immagini e simboli, di una profondità e ampiezza incalcolabili, pur offrendo sempre al lettore una fresca novità.

Dalla Dott.ssa MYONG-SOOK KOO
Poetessa, Dottoressa in Filosofia (Università di Bielefeld, Germania), Professoressa invitata all'Università Soka (Giappone), Professoressa visitatrice all'Università Waseda (Giappone)
Attualmente: Professoressa emerita presso la Sookmyung Women's University, Membro del Consiglio del Museo Nazionale della Letteratura della Corea, Direttrice del Centro Culturale di Seocho

| Congratulatory Message

Angela Kosta's Transcendence of Nature and Life

By Myong-sook Koo (President of Seocho Cultural Center)

Angela Kosta's poetry collection PERLA D'AMORE has been newly reborn in Korea as The Pearl of Love through the Korean translation of Dr. Kang Byeong-Cheol. I offer my heartfelt joy and congratulations. Thanks to Dr. Kang's graceful Korean rendition, I too have been able to read with ease the works of the world-renowned poet Angela Kosta.

It is evident that most of Angela Kosta's poems begin with nature. Images of forests, rivers, winds, and stars do not remain as mere landscapes; rather, they move as existential symbols. The star, for instance, emerges as a lamp that illuminates transcendent hope. Through nature, her poetry explores the fundamental solitude of human beings, as well as solidarity and the reasons for existence.

Her works also unfold the cyclic vitality of life—birth and extinction, life and death. In particular, her language is imbued with a distinctively feminine voice, evoking a gentle yet firm strength of life. She sings of the tearful will to protect life to the very end, even as she embraces human suffering. This is not mere sentimental femininity, but rather a force that affirms existence to the fullest.

Ultimately, her poetry transcends simple sensory description and conveys mystery and spirituality, leading readers to reflect on the fundamental meaning of life. Angela Kosta's poems do not remain within lyrical impressions; they expand into the spiritual dimension. Through starlight, they console human sorrow; in the flow of the river, they reveal the cycle of life; in the breath of the forest, they evoke time and memory. For the reader, her work is not merely a "reading experience" but an invitation to meditative contemplation. Hence, Kosta's poetry often resonates as prayer, hymn, or meditation.

In her poem A Piece of Bread, she sings of survival and sharing. Bread symbolizes the smallest unit of survival and everyday life. Kosta views bread not as mere food, but as the minimum of love and hope that sustains existence. Through the meaning of "a piece of bread," she celebrates the dignity, sacredness, and transcendence of life revealed in the smallest of things.

When one reads Life, it does not appear as a straight line, but as a "flow" and "cycle." Life flows like a river, interweaving light and darkness, hope and despair. Kosta does not regard life solely as suffering, but emphasizes its cycles, lessons, and awakenings.

In The Apotheosis of Beelzebub, she turns to the critique of desire and evil. Ultimately, her voice embraces human suffering and love, social critique and spiritual reflection, marking her as a true world poet. "Man kneels before the shadow of his own making, and calls upon the name of Beelzebub as if it were God." With such striking imagery, she denounces the worship of power and the corruption of desire in modern society. Yet this is not mere religious satire; it can be read as a modern fable urging spiritual awakening and ethical resistance. Kosta's language is concise, yet rich in imagery and symbolism, immeasurable in depth and breadth, while always offering the reader a refreshing sense of newness.

Myong-sook Koo
Poet, Ph.D. in Philosophy (Bielefeld University, Germany), Visiting Professor at Soka University (Japan), Visiting Professor at Waseda University (Japan) Currently: Professor Emerita at Sookmyung Women's University, Executive at the Korean National Literature Museum, President of Seocho Cultural Center

차례

축사

안젤라 코스타의 찬란한 햇불 : 동시영 — 10

La Fiaccola Splendente di Angela Kosta : Siyoung Doung — 14

Angela Kosta's Radiant Torch : Siyoung Doung — 18

연민과 사명감, 약자의 대변자 : 이혜선 — 22

Compassione, senso del dovere e voce dei deboli : Hye-Seon Lee — 26

Compassion, a Sense of Mission, and a Voice for the Weak : Hye-Seon Lee — 31

우주의 섭리와 세계와의 조화가 영혼의 깊은 곳에 투영되기를 : 양금희 — 36

Che la legge cosmica e l'armonia con il mondo si riflettano nel profondo dell'anima : Geum-Hee Yang — 41

May the law of the universe and harmony with the world be reflected in the depths of the soul : Geum-Hee Yang — 47

비 갠 하늘에 드리운 푸른 빛처럼 : 임솔내 — 53

Come la luce azzurra che si diffonde nel cielo dopo la pioggia : Sol-Nae Im — 56

Like the Blue Light Cast Across a Rain-Cleared Sky : Sol-Nae Im — 59

세계에 전하는 사랑과 희망의 메시지 : 이희국 — 62

Un Messaggio d'Amore e di Speranza al Mondo : Hee-Kuk Lee — 64

A Message of Love and Hope to the World : Hee-Kuk

안젤라 코스타 시집

Lee — 67

안젤라 코스타의 자연과 생명의 초월성 : 구명숙 — 70

La trascendenza della natura e della vita in Angela Kosta : Myong-sook Koo — 73

Angela Kosta's Transcendence of Nature and Life : Myong-sook Koo — 77

서주 — 86

Preludio — 88

Prelude — 90

여름의 마법 — 92

Magia Estiva — 94

Summer Magic — 96

누워 있는 백조 — 98

Cigno Giacente — 100

Lying Swan — 102

생존의 빛 — 104

La Luce Della Sopravvivenza — 106

The Light of Survival — 108

한 조각의 빵 — 110

Un Pezzo Di Pane — 112

A Piece of Bread — 114

감정… — 116

Emozione… — 118

차례

Emotion... — 119

굶주림 — 120

La Fame... — 121

Hunger.. — 122

인생 — 123

Vita — 124

Life — 125

바알세불의 신격화 — 126

L'Apoteosi Di Belzebù — 128

The Apotheosis of Beelzebub — 130

일어나라, 신성한 여인이여 — 132

Risorgi Donna Divina — 134

Rise, Divine Woman — 136

은둔 — 138

Romitaggio — 140

Hermitage — 142

절대 오지 않을 너를… — 144

Mai... — 146

Never Coming… — 148

공허 — 150

Vuoto — 153

Emptiness — 155

묵시록 — 158

Apocalisse — 160

안젤라 코스타 시집

Apocalypse — 162

노르스름한 생각들 — 164

Pensieri Giallastri — 166

Yellowish Thoughts — 167

죽지 않기 위해 다시 태어나다 — 169

Rinascere Per Non Morire — 172

To Be Reborn So As Not to Die — 174

영웅 병사 — 176

L'Eroe Soldato — 178

The Hero Soldier — 179

조각된 고향곡 — 180

Sinfonia Scolpita — 182

Sculpted Symphony — 184

재의 미소 — 186

Sorriso Cenere — 188

Ashen Smile — 190

어머니께 — 192

A Mia Madre — 195

To My Mother — 198

희귀한 꽃 — 201

Raro Fiore — 202

Rare Flower — 203

모든 너머에 — 204

Oltretutto — 206

사랑의 진주 PERLA D'AMORE

차례

Beyond All — 208

잃어버린 제국 — 210

Impero Perduto — 213

Lost Empire — 216

사랑의 꽃 — 219

Il Fiore Dell'Amore — 220

The Flower Of Love — 221

맑음 — 222

Limpidità — 224

Limpidity — 225

무한 — 226

L'Infinito — 227

The Infinite — 228

보이지 않는 그림자 — 229

Ombra Invisibile — 230

Invisible Shadow — 231

어디에 있나요? — 232

Dove Sei? — 233

Where Are You? — 234

키스의 눈보라 — 235

Nevicata Di Baci — 236

Snowfall of Kisses — 237

걱정 없는 소녀 — 238

Ragazza Spensierata — 239

안젤라 코스타 시집 사랑의 진주 PERLA D'AMORE

Carefree Girl — 240

도망치는 잠 — 241

Sonno Fuggiasco — 242

Fugitive Sleep — 243

기억 — 244

I Ricordi — 245

Memories — 246

짓밟힌 꿈 — 247

Sogni Calpestati — 248

Trampled Dreams — 249

늙어버린 아이들 — 250

Bambini Invecchiati — 252

Aged Children — 254

사랑의 진주 — 256

Perla D'Amore — 258

Pearl of Love — 260

순수한 눈물 — 262

Lacrima Innocente — 263

Innocent Tear — 264

하이쿠俳句, Haiku 1 — 266

하이쿠俳句, Haiku 2 — 267

하이쿠俳句, Haiku 3 — 268

하이쿠俳句, Haiku 4 — 269

서주序奏

어둠 앞에 무릎 꿇고,
지붕 없는 피난처 아래 불완전한 몸으로,
폭풍의 벗이 되어 열린 하늘 아래 서 있다.
별도 없고, 달도 없는 밤
진창 속에 잠겨
생각들로 가득한 채.
언젠가 나는 부유해질 거라고 꿈꾸며,
손 하나 없이, 오래된 존재로
존재하는 모든 것으로 채워지기를―
찢긴 시체들로 가득한
그 동일한 비참함 속의 보물을
파내듯 말이다.
서주,
침묵의 결투,
순수를 구걸하며
핏빛 욕망의 먹잇감이 되어
그곳에서, 모든 것과 '무無'가
영원히 맞닿는다.
그리고 나는 여전히

쓸모없음을 넘나들며
무능한 채, 생매장되어
희망한다— 언젠가
내 안의 평화로
풍요로워지기를.

Preludio

Genuflessa al buio,

Monca sotto un rifugio senza tetto,

Compagna di tempesta a cielo aperto,

Senza stella, senza luna

Immersa nel fango

Colma di pensieri.

Sognando che un giorno mi sarei arricchita

Con tutto ciò che esisteva

Senza le mani, antiquata

Scavando il tesoro della stessa miseria

Piena di cadaveri lacerati.

Preludio

Duello silenzioso,

Implorando l'innocenza

Preda di desideri sanguigni assetati

Lì dove il Tutto, la Nullità

Si congiungono per sempre.

E io continuo a trascendere nella futilità

Inabile, sepolta viva

Candida che un giorno
Diventerò agiata della mia stessa pace.

Prelude

Kneeling before the dark,

Maimed beneath a roofless shelter,

A companion to storms under the open sky,

Without stars, without moon,

Submerged in the mire,

Filled with thoughts.

Dreaming that one day I would be enriched

By all that existed,

Without hands, aged,

Digging for treasure in the same misery

Laden with torn corpses.

Prelude—

A silent duel,

Pleading for innocence,

Prey to bloodthirsty desires

Where Everything and Nothingness

Forever converge.

And still I transcend within futility,

Inert, buried alive,

Hoping—purely,

That one day

I will be rich in my own peace.

여름의 마법

손을 맞잡고
미친 듯이 입을 맞추며
생기 넘치는 평화로운 비를 맞는다.
이 놀라운 사랑의 증인처럼
별들로 가득한 하늘 아래
행복의 왈츠를 추며
촉촉한 우리의 눈동자 위로
광기의 또 다른 행성으로
우리를 데려간다.
이 끝없는 마법 아래
머물고픈 갈망에 젖어
우리를 닮게 만든 이 유일한 순간,
마음도, 생각도
뜨겁게 불타오르는
그 불길조차 개의치 않는다.
사그라들 줄 모르는
우리의 영혼은
이토록 격렬하다.
다시는 느낄 수 없을

우리만의 감정처럼.
나는 너의 눈동자 속에 길을 잃고…
왈츠는 계속되고…
나는 기뻐한다…
이 달콤한 신나는 순간을 살며
너의 입술 사이에 머무른다.
차갑지도, 덥지도 않은 채…
이 모든 것이
끝나지 않기를 조용히 기도하며,
태양에게 간청하고 달님에게 빌어본다.
어딘가 다른 곳에
우리의 거처를 찾아
조금만 더,
함께 머물 수 있기를.
너와 나
떼려야 뗄 수 없는 존재로…

Magia Estiva

Mani intrecciate
Baciandosi perdutamente
Bagnandosi sotto la pioggia
Vivace, serena,
Testimone di questo meraviglioso amore.
Immagine in questo cielo pieno di stelle
Danzando il valzer della felicità
Sui nostri occhi umidi,
Trasportandoci in un altro pianeta di pazzia.
Pervasi dal desiderio di restare
Sotto questa magia interminabile
Unica a renderci simili
Nel cuore, nella mente,
Senza badare al fuoco ardente
Che brucia impetuosamente
La nostra anima
Incapace di attenuarsi
Così intensa
Come i nostri sentimenti irripetibili.

E mi perdo nei tuoi occhi…

Continuo il valzer…

Gioisco…

Vivendo quest'attimo di dolce follia

Rimanendo tra le tue labbra

Senza sentire freddo, nemmeno caldo…

Pregando in silenzio che tutto ciò

Non abbia fine

Implorando il sole, invocando la luna

Trovarsi altrove dimora

Per continuare a stare insieme

Solo un po'

Io e Te

Inseparabili…

Summer Magic

Hands entwined,

Kissing madly,

Soaked beneath the rain

Lively, serene

A witness to this wondrous love.

An image beneath this star-filled sky,

Dancing the waltz of happiness

With tears in our eyes,

Carried away to another planet of madness.

Consumed by the desire to remain

Within this endless magic,

The only thing making us alike

In heart, in mind

Unfazed by the blazing fire

That burns fiercely

Within our souls,

A flame that will not fade,

So intense,

Like the feelings we'll never know again.

And I lose myself in your eyes…

The waltz goes on…

I rejoice…

Living this moment of sweet madness,

Resting upon your lips,

Feeling neither cold nor warmth…

Silently praying that none of this

Will ever end,

Imploring the sun, invoking the moon

To find us another dwelling

Where we can stay together

Just a little longer

You and I

Inseparable…

누워 있는 백조

설득하려 애쓰는 생각의 파도
말없이 흐르는 기억에 발이 묶인 채
매일 아침 반복되는 서문처럼
멀리서, 속임수처럼
너의 손이 내 손에 닿았지.
행복한 내 심장은 미소 지으며
사랑의 달콤한 미풍을 믿었어.
그 마법 같은 바다의 무한 속에서
이젠 인생처럼 사나운 풍랑이 된 곳
갈기갈기 찢긴 내 영혼처럼
암초에 찔려 누운 백조 하나
거센 물살에 내던져지는 곳
어딘가, 상처 입은 세계로
사라진 과거에 시달린 땅으로
아니, 애초에 존재하지도 않았던 그날로
네 눈동자의 덫에 걸린
네 입술에서 끝없이 흘러나오던 말들
내 약함을 물어뜯으며
순수하고 진실한 감정을 기만했던 너

네가 끼친 상처를 알면서도
우리의 맹세를,
영원한 약속을 짓밟았지.
이제는 망각 속의 유령으로 남아

Cigno Giacente

Onde di pensieri
In cerca di persuasione
Impacciata da ricordi taciturni
Premessa ripetuta ogni mattina
Dove da lontano con l'inganno
La tua mano raggiungeva la mia
Mentre il mio cuore felice sorrideva
Credendo alla dolce brezza d'amore
In quella infinità magica di mare
Oggi in burrasca pari alla vita
Così come la mia anima lacerata
Cigno giacente, trafitto sui scogli
Ove lo scroscio dei flutti lo scaraventa oltre
Altrove in un mondo afflitto,
Tormentato da un passato che non c'è più
O forse mai esistito
Preterito nella trappola dei tuoi occhi
Delle tue labbra che emettevano
Parole senza fine

Mordaci con la mia vulnerabilità
Imbrogliando sentimenti candidi, veri
Sapendo il male che cagionavi
Sopprimendo il nostro giuramento
Patto perenne
Oggi spettro nell'oblio.

Lying Swan

Waves of thought
In search of persuasion
Entangled in taciturn memories
A prelude repeated every morning
Where, from afar and by deceit,
Your hand would reach for mine
While my happy heart smiled,
Believing in the sweet breeze of love
In that magical infinity of the sea—
Now stormy, like life itself—
Just like my torn soul,
A lying swan, pierced upon the rocks
Where the crashing waves hurl it beyond,
Elsewhere, into a world afflicted,
Tormented by a past that is no more
Or perhaps never was—
A past trapped in the snare of your eyes,
Of your lips that uttered
Endless words,

Biting into my vulnerability,

Deceiving pure, sincere feelings,

Knowing well the harm you inflicted,

Suppressing our vow,

An eternal pact,

Now a specter in oblivion.

생존의 빛

희망의 빛이 환히 비치네
사랑하는 이 땅 위에,
경계마다 상처로 새겨진 곳,
그곳엔 비참함이 있네.
은총마저 벗겨진 알몸의 사람들 속에,
침묵 속에 찢긴 눈을 가진 채,
시신이 흩어진 보도 위에,
거친 숨을 몰아쉬며,
오물 속에서 먹을 것을 찾고
썩은 음식, 개처럼 물어뜯는 빵 부스러기와 뼈들.

그런데도, 희망의 빛은 승리한다네.
세계를 쉼 없이 돌며
가난한 이들, 병든 이들 사이를 지나,
긴 밤을 밝히는 성화처럼
한 사람 한 사람에게 옮겨지네.

그러면 사랑하는 땅은
고통을 멈추지.

희망의 빛이 눈동자에 살아나고,
고통받는 이들은
풍요로움을 입에 머금네.

삶의 대양에서
한 줄기 빛이 솟아오르네.
병든 영혼의 틈 사이로 스며들며
도달할 수 있는 모든 곳에 다다르네.
그리고 마침내,
그 빛을 껴안은 이들은
우리 시대의 병에서
치유된다네.
질병과 빈곤으로부터!

La Luce Della Sopravvivenza

Risplende la Luce della Speranza
Sulla terra amata
Solcata da margini ferite
Dove vive la miseria
Negli corpi nudi, spogliati dame
Con occhi lacerati
Sui marciapiedi pieno di cadaveri
Con l'affanno
Nutriti dentro la mondezza con cibo scadente
Di briciole di pane, di ossa come fossero cani.

Ma trionfa la Luce della Speranza
Il giro del mondo percorre senza tregua
Tra la gente povera e malata
Passando da ciascuno come una fiaccolata.

E smette di soffrire la Terra amata
Con la luce viva negli occhi della speranza
Si nutrono i malati con l'abbondanza

Emerge la Luce dell'Oceano della vita
Trovando fessura nell'anima degli ammalati
Ovunque dove può farlo
E… abbracciando la luce
Alla fine tutti guariscono
Dai mali del secolo:
Le malattie e la Povertà!

The Light of Survival

The Light of Hope shines
On the beloved land,
Scarred by wounded borders,
Where misery lives
In naked bodies, stripped of dignity,
With torn eyes,
On sidewalks strewn with corpses,
Gasping for breath,
Fed from the trash with expired food,
Crumbs of bread, and bones as if they were dogs.

Yet still, the light of hope prevails,
Circling the world without rest,
Passing from hand to hand
Among the sick, the poor,
Like a flame in a night-long vigil.

And the beloved earth ceases its sorrow,
As the living light kindles hope in every eye,

The suffering fed now with abundance.

From the ocean of life,

A light rises—

Seeping into the cracks of broken souls,

Wherever it may reach.

And as they embrace the light,

At last, all are healed

Of the ills of our time,

Diseases and Poverty!

한 조각의 빵

한 조각의 빵,
며칠째 굶주림을 달래는
인생의 동반자,
비참한 삶을 울부짖으며
시간 속에 길을 잃은 시선에 멈춰 서 있다.
잔혹한 운명에 휘말려
태어났다는 이유만으로.
이 모든 게 누구의 잘못인가?
내가 지닌 죄는 또 무엇인가?
우리는 신에게 원치 않은 존재였던가?
잘못된 세상에 태어난 걸까?
비열한 굶주림과 방치여,
풍요 속에서 사라져다오.
우리가 결핍 속에서도 기쁨을 누리게 하라.
구름 사이에 머물고 싶다.
우주의 공기로 나를 채우며
아득히 먼 태양의 따뜻함을 느끼며
얼어붙은 피를 모른 척하고 싶다.
형제들의 연약한 심장 고동,

창백하고 갈라진 입술,
발아래 마른 땅처럼 갈라진 얼굴들.
한 조각의 빵이여,
부서지지 마라!
빵을 늘릴 예수는 어디에 계신가?
아무런 대답도 들리지 않는다.
다만 이 한 조각의 빵만이
내 삶의 전부요,
내 하루의 유일한 부富일 뿐.

Un Pezzo Di Pane

Un pezzo di pane
Per sfamarsi da giorni e ore
Compagna di vita
Che ulula l'esistenza misera
Fermata sullo sguardo perso nel tempo
Smarrito dal destino crudele
Per essere nati.
Di chi è la colpa di tutto ciò?
Che colpa io stesso avrò?
Fossimo dal Dio non desiderati?
Fossimo venuti nel mondo sbagliato?
Infame fame incuria
Sparisci in abbondanza
Per farci gioire nell'inopia.
Come vorrei essere tra le nuvole
Riempirmi dell'aria nell'universo.
Scaldandosi del sole così lontano
Per non sentire il sangue gelato
I battiti deboli dei miei fratelli

Pallidi, con labbra screpolate
Come la terra sotto i piedi.
Pezzo di pane
Non ti sbriciolare!
Dov'è Gesù per farti moltiplicare?
Nessuna risposta ho tranne
Questo pezzo di pane
Ricchezza dei giorni miei.

A Piece of Bread

A piece of bread,

To appease the hunger of days and hours—

A companion in life,

Howling the misery of existence,

Stilled in a gaze lost in time,

Misled by a cruel fate

For the mere act of being born.

Whose fault is all this?

What guilt do I myself bear?

Were we undesired by God?

Were we born into the wrong world?

Wretched hunger, neglect—

Vanish into abundance,

Let us rejoice even in poverty.

How I wish to be among the clouds,

Filling myself with the breath of the universe.

Warmed by the distant sun,

So I no longer feel the frozen blood,

The weak heartbeats of my brothers,

Pale, with cracked lips,

Like the earth beneath our feet.

O piece of bread,

Do not crumble!

Where is Jesus to multiply you?

I have no answer, only

This piece of bread,

The treasure of my days.

감정…

삶의 책장을 넘기며
나는 너를 찾아낼 거야.
살며시 손끝으로 너를 만지며
대답 없는 너의 이름을 속삭인다.
천 가지 색깔로 그려진 화폭 위에서
어둠 속에 떠 있는 눈꺼풀들
그마저 눈먼 빛에 눈이 멀고…
나는 먼지 쌓인 침묵의 기억에서 너를 털어내
시간의 반쯤 닫힌 서랍 속에서 끌어낸다.
오선지 위에서 너를 듣는다.
우리의 가장 사랑했던 노래
너의 목소리에 스민 미소가 들려와
어제와 다르지 않은 그 웃음
모든 폭풍을 견뎌낸
깊은 고통에 휘몰린 폭풍우 속에서도
태양 없이 데워진 하루 속에서도
나는 구름 사이 숨은 달을 찾는다.
그런데… 오늘 나는 느낀다.
다시 피어난 수많은 감정으로

한 줄기 한숨 속에서
너를 다시 찾는다…
너는 여기에 있어!!!

Emozione...

Nelle pagine della vita ti troverò
Toccandoti leggermente
Sussurrando un nome che non mi risponderà
Su una tela di mille colori
Palpebre rimaste sospese nell'oscurità
Appariscente dalla stessa luce cieca...
Ti spolvero dai muti ricordi
Tirati via dai cassetti semichiusi del tempo.
Ti ascolto su un pentagramma
Musica della nostra canzone preferita.
Odo il tuo sorriso della tua voce
Rimasto lo stesso quello di ieri
Sopravvivendo a qualsiasi tempesta
Burrasca trascinata dalla profonda sofferenza
Nei giorni riscaldati senza sole
Ricercando la luna nascosta tra le nuvole.
Eppure... Oggi mi sento arricchita
Di tante emozioni rifioriti
Da un semplice sospiro
Ti ritrovo... Ci sei!!!

Emotion...

In the pages of life, I will find you

Gently touching you,

Whispering a name that will not answer me

On a canvas of a thousand colors,

Eyelids suspended in the darkness,

Dazzled by the same blind light...

I dust you off from silent memories

Pulled out from the half-closed drawers of time.

I listen to you on a musical staff,

The music of our favorite song.

I hear your smile in your voice,

Still the same as yesterday,

Surviving every storm,

Tempests dragged by deep sorrow

On sunless days warmed

By the search for the moon hidden among clouds.

And yet... today I feel enriched

By so many emotions rebloomed

From a simple sigh—

I find you again... You are here!!!

굶주림

굶주림은 우리를 절대로 놓아주지 않는다.
잔혹하게 맴돌며 손끝을 조여오고,
무릎 위에 파묻힌
배를 움켜쥔 채
고통으로 울부짖는다.
눈빛 속에서 서서히 사라지는 빛,
창백해지는 고통의 얼굴들,
그들은 묻는다 ―
내일도 이럴까…?
굶주림은 그 긴 서정시를 멈추지 않고
우리를 찾아
어디든 헤매며 다닌다.
우리… 무한한 가난의 포식자들.

La Fame…

Non ci abbandona la fame spietata
Ruota e si restringe sulle mani
Affondati sulle ginocchia piegate
Sulla pancia dolente
Che ulula la miseria.
Sbiadisce la luce negli occhi
Impallidisce sui volti sofferenti
Chiedendo: cosi sarà anche l'indomani?
E la fame continua il suo sonetto
Viaggiando ovunque ci trova
Noi… Predatori della povertà infinita.

Hunger..

The merciless hunger does not abandon us,
It circles and tightens around our hands
Sunk onto bent knees,
Upon aching bellies
Howling their misery.
The light fades from our eyes,
Pales on the suffering faces
Asking: will it be the same tomorrow?
And hunger continues its sonnet,
Wandering wherever it finds us—
We… Predators of endless poverty.

인생

행복의 브스러기조차 없는 채
끝없는 좌절의 먼지 위에 버려진 나는,
숨도 쉬지 못한 채 구름 사이를 달린다.
눈물 속에서,
거짓된 하늘의 먹먹한 음악을 지나,
초조하고 절망에 찬 바람의 입맞춤을 느끼며,
살아남은 사람들 틈에 섞여
사막의 폭우에 목을 축이고,
불운한 막의 신기루 속에
사라진 풍경을 지난다.
나는 삶의 바다 위를 떠돌다가
가라앉는다.
그리고 손끝으로
내 존재의 저무는 노을을 느끼며
다시 걷기 시작한다…
달린다…
또 한 번 죽고,
다시 태어난다.
희망의 태양을
가슴에 안으며.

Vita

Assente di briciole di felicità

Abbandonata sulla polvere di continue delusioni,

Senza fiato corro tra le nuvole

In lacrime

Tra la musica sorda di un cielo bugiardo,

Baciata da un vento ansioso, disperato

Mischiandomi tra la gente sopravvissuta

Dissetata da piogge torrenziali di un deserto

Sparito nel miraggio del sipario sfortunato.

Galleggio nell'oceano della vita,

Annego

E toccando con le punte delle dita

Il tramonto della mia stessa esistenza

Riprendo a camminare…

Corro…

Muoio ancora…

Rinasco

Abbracciando il sole della speranza.

Life

Absent of crumbs of happiness,

Abandoned on the dust of endless disappointments,

Breathless, I run through the clouds

In tears,

Through the muffled music of a lying sky,

Kissed by an anxious, desperate wind,

Blending among the surviving crowd,

Quenched by torrential rains of a desert

Vanished in the mirage of an ill-fated curtain.

I float in the ocean of life,

I drown—

And brushing with the tips of my fingers

The sunset of my very own existence,

I begin to walk again…

I run…

I die once more…

I am reborn

Embracing the sun of hope.

바알세불의 신격화

침묵 속에서 악마는 세상을 지배한다.
지옥에서 뻗은 촉수는
흡혈귀처럼 갈증에 찬 채
끊임없이 피를 빨아들인다.
무력한 자에게는 분노로 변하고,
삶의 폭풍 속에서 울부짖으며
타오르는 불꽃으로 미쳐 파괴한다.
태어나기도 전의 인간들을
가차 없이 삼켜버린다.
그리고 그는 영광의 권좌에 앉는다.
인류의 눈물로 가득 찬 잔에서
맹독을 음미하며 새로운 질서를 꾸민다.
그는 천둥처럼 성채를 하늘 높이 세우며
마침내 유일한 신이 되었다.
골짜기엔 꽃들이 메말라 시들고,
꿀과 꽃가루는 쓸개즙으로 변한다.
산은 들썩이고
돌 하나조차도 더는 평화를 찾지 못한다.
핏빛 강에는 진흙만 남고,

대지와 별들은 뒤집힌다.
그런데도 악마는 여전히 목이 마른다.
음욕으로 폭풍을 명령하고,
절대로 죽지 않는다.
그의 촉수는 우주 끝까지 뻗어 나가
운명의 재앙을 거기서 틔운다.
잘려 나간 해골 위를 짓밟으며
무고한 생명이 죽는 곳마다
그는 다시 태어난다.

L'Apoteosi Di Belzebù

In silenzio domina il diavolo il mondo
Dall'inferno i tentacoli estende.
Come un vampiro
Assetato il sangue di continuo succhia
Livoroso diventa con chi è inerme.
Nelle tempeste della vita con ira ulula
Con fuoco ardente furioso distrugge
Gli esseri umani ancora in grembo
E sul trono del potere glorioso si siede.
Altri ordini inventa il veleno assaporando
Dal calice colmo di lacrime dell'umanità
Il bastione con tonfo verso il cielo innalza
Ormai è l'unico Dio.
Sulle valli inaridiscono i fiori
Il polline e il miele in fiele si trasformano
Le montagne si smuovono,
Ogni pietra, non trova più pace.
Ai fiumi sanguigni solo il fango rimane
Si capovolge tutta la terra e i pianeti

Ma il demone ancora ha sete
Con lussuria le intemperie postula
E mai muore.
I tentacoli ovunque nello spazio espande
La disgrazia del destino in loro germoglia
Sopra i teschi mutilati calpesta
E rinasce ogni volta dove muore l'Innocenza.

The Apotheosis of Beelzebub

In silence the devil rules the world,
From hell he extends his tentacles.
Like a vampire,
Thirsting, he endlessly sucks blood—
He rages against the helpless.
In life's tempests, he howls with fury,
With blazing fire he destroys in wrath
Even those still in the womb.
And upon the glorious throne of power he seats himself.
He invents new orders while savoring venom
From the chalice brimming with humanity's tears.
With a thunderous crash he raises his bastion to the sky—
Now he is the only god.
In the valleys, flowers wither away,
Pollen and honey turn to gall.
Mountains tremble,
Every stone loses peace.

In the rivers once filled with blood, only mud remains.

The Earth and planets turn upside down,

But still the demon thirsts.

With lust, he commands the tempests,

And never dies.

He stretches his tentacles throughout the cosmos,

Fate's misfortune germinates in them.

He tramples mutilated skulls,

And is reborn each time Innocence dies.

일어나라, 신성한 여인이여

그대… 여인이여…
연약한 순교자처럼
몸을 웅크리고,
목소리 한 줄기조차 허락되지 않은 그곳에서
더럽혀진 삶의 절규 속에
붉은 진흙의 눈물을 흘리며,
손톱으로… 상처로…
고통스런 영혼 깊숙이 새겨진 흔적들이여.
그대… 여인이여… 일어서라!
너 안에 깃든 '여신'을
부정하는 모든 것으로부터 벗어나라.
인내라는 이름 아래 감춰진 폭력의 경계에서
무장을 해제하라!
빛바랜 그 장막을 찢어라—
영원히 어두운 가면을!
너의 드문 미소의 마지막 방울조차
가질 자격 없는 자로부터
자유로워져라.
입술에 머문 그 촉촉한 미소를

되찾아라.
그대… 여인이여… 다시 살아나라!
생명의 힘이 숨 쉬는
두 손을 펼쳐라.
다시 꽃피워라… 노래하라… 미소 지어라…
너의 자유를 외쳐라—
너의 존재를 짓밟는
비열한 자의 감옥을 찢고서.
그대… 여인이여…
위대하고… 유일하며… 신성하다.
부활하라… 살아가라!!!

Risorgi Donna Divina

Tu… Donna… Martire fragile
Rannicchiata con lo sguardo perso
Dove non esiste un filo di voce,
Grido disperato dalla vita sporca
In lacrime di fango rosso,
Unghie… Graffi…
Incarnati dentro l'anima angosciata.
Tu… Donna… Rialzati!
Spogliati da tutto ciò nega
La "Dea" che c'è in te.
Disarmati dalla confine
Della pazienza, della violenza!
Strappa quel velo sbiadito
Maschera eterna scura.
Liberati da chi non merita
I sgoccioli del tuo raro sorriso
Umido sulle tue labbra.
Tu… Donna… Rivivi!
Apri le mani dove respira la forza della vita.

Rifiorisci… Canta… Sorridi…

Urla la tua libertà

Prigione dell'essere spregevole

Che tramonta il cammino del tuo essere.

Tu… Donna…

Grande… Unica… Divina.

Risorgi… Vivi!!!

Rise, Divine Woman

You... Woman...

A fragile martyr

Curled up, your gaze lost

Where not even a thread of voice exists,

A desperate cry from a soiled life

With tears of red mud,

Nails... scratches...

Engraved deep within an anguished soul.

You... Woman... Rise!

Strip away all that denies

The "Goddess" within you.

Disarm yourself at the borders

Of patience, of violence!

Tear away that faded veil—

The eternal, darkened mask.

Free yourself from those unworthy

Of even the final drops of your rare smile

Damp upon your lips.

You... Woman... Live again!

Open your hands where the power of life breathes.

Bloom anew... sing... smile...

Shout out your freedom—

Break the prison built by

The vile being who dims your path.

You... Woman...

Great... Unique... Divine.

Rise... and Live!!!

은둔

실망은 내 손가락 사이에 남아
폭풍조차 그것을 쫓아내지 못한다.
그것은 내 생각 속에 숨어들어
눈물 맺힌 내 눈에 잠시 머문다.
공허 속에 흩어진 시선,
그 어딘가에 영원한 평화가 존재했을지도 모른다.
세기를 지나며 잃어버린 고요,
산산이 부서진 꿈 하나
고독한 시대의 한쪽에서 떠올랐다가
가루처럼 흩어진 나날들에 의해 무너졌다.
내 삶의 구원을
더는 갈망조차 하지 못한다.
발에 날개 하나 없이
헛되이 걸어온 길 위에
어둠의 바다를 떠돌다가
이제는 아무 힘도 없이 가라앉는다.
잃어버린 영광을 향해
의미 없는 찬미와 은총으로 작별을 고하며,
숨조차 쉬지 못하는 폐를 억지로 채우고

후회 없이,
환상조차 없이
내 존재와 이별을 말한다.
내 자아 속에 자신을 가둔 채
마치 내 삶의 연인인 듯
고립되어 간다.

Romitaggio

Tra le dita rimane la delusione
Nemmeno la tempesta lo allontana
Si rifugia nei miei pensieri
Soffermandosi sugli occhi umidi
Con lo sguardo perso nel vuoto
Laddove esisterebbe la Pace eterna
Quietudine persa nei secoli
Sogno infranto
Emerso in solitudine dell'evo
Sgretolato dai giorni sbriciolati
Che non riescono anelare
Il riscatto della mia vita
Percorso invano senza le ali ai piedi
Fluttuando nell'oceano oscuro
Sprofondando inerme ormai
Salutando la gloria smarrita
Con lode e grazia insensata
Rabboccando i polmoni senza fiato
Dirsi addio al mio essere

Senza rimpianti

Nemmanco illusioni.

Isolandosi nel mio ego

Come fossi amante della mia esistenza.

Hermitage

Disappointment lingers between my fingers—

Not even the storm can chase it away.

It hides within my thoughts,

Pausing in my tearful eyes,

With a gaze lost in the void

Where Eternal Peace might have existed.

A stillness lost through the centuries,

A shattered dream

Emerged from the solitude of the age,

Crumbled by days turned to dust,

Unable to long

For the redemption of my life.

I walk the path in vain,

Without wings upon my feet,

Floating in the darkened ocean,

Sinking helplessly now,

Bidding farewell to lost glory

With senseless praise and grace,

Refilling lungs that can no longer breathe,

Saying goodbye to my being
With no regrets,
Not even illusions.
Isolating myself within my ego,
As if I were the lover
Of my own existence.

절대 오지 않을 너를…

자정이 훨씬 지난 시간까지
나는 너를 기다렸어.
차가운 유리창을 두드리는 빗줄기를 바라보며,
내 침묵의 끝없는 토로가
따뜻하게 김 서린 창가 너머
어둠을 흐리게 만들었지.
실망과 슬픔에 젖은 내 눈동자
언젠가 절박하게
유일한 희망의 문턱이 흔들리는 모습을
보게 될지도 몰라.
폐허 속에서,
어둠의 그림자들이 어제로부터
내일의 시간 뿌리까지 파고드는 그곳에서.
헛되이 나는 살아남으려 애써
숨을 쉬어 보지만
이 광대한, 보이지 않는 세상 속에서
나는 무자비하게 질식해 가.
그리고 광기에 잠겨
너의 마지막 한 마디를 기다려:

"나는… 절대 가지 않을 거야."
꺼져가는 미소를 머금은 채
나는 계속해서 선명히 꿈을 꿔,
도달할 수 없는 그 무엇을.
단 한 방울의 눈물로
갈증을 달래며
그것은 내 영혼의 행복이야.
그 행복은
이렇게 머물기로,
이대로 남기로
자유롭게 선택하고 받아들인 거야…
영원히, 너의 사람이 되기로

Mai…

Ti ho atteso oltre la mezzanotte passata osservando la pioggia
   Battente sul vetro freddo, oscuro
   Oltre l'alone riscaldato e appannato
   Dal mio sfogo silenzioso, interminabile.
   Sui miei occhi delusi e tristi
   Che forse un giorno disperatamente
   Vedranno vacillare l'unica soglia
   Della speranza perduta
   Circondata da macerie
   Ombre scure,
   Penetranti nella radice
   Del tempo di ieri e domani.
   Invano cerco di salvarmi
   Respirando, ma soffoco senza pietà
   In un mondo immenso, invisibile, folle
   Mentre attendo il tuo:
   "Non arriverò Mai…"
   Con un sorriso spento

Continuerò a sognare vividamente l'irraggiungibile
Dissetandomi con un'unica goccia di pianto:
La felicità della mia anima pura
Che sceglie e accetta liberamente
Di rimanere così…
Tua per sempre!

Never Coming…

I waited for you

Long past midnight,

Watching the pouring rain

Beat against the cold glass—

Beyond the misted warmth,

Blurred by my endless, silent outpouring.

Through my eyes,

Disappointed and sorrowful,

Perhaps one day

They will desperately glimpse

The only threshold of lost hope

Tremble at last—

Surrounded by ruins,

By shadows dark and deep,

Piercing the roots

Of yesterday and tomorrow.

In vain, I try to save myself,

I breathe—

But I suffocate mercilessly

In this vast, invisible world,
Mad with waiting
For your final words:
"I will never come."
With a fading smile,
I will keep dreaming vividly
Of the unreachable,
Quenching my thirst
With a single teardrop
The joy of my soul,
That freely chooses and accepts
To remain…
Just like this
Forever yours!

공허

새벽이 올 때까지,
너는 나를 상처 입혔지—
내가 얼마나 너를 사랑했는지
잊은 채.
순식간에 너는
우리가 함께 나눴던 모든 것을 지워버렸고
우리의 생각들은
속임수 속으로 날아가 버렸어.
세찬 바람조차
네 말들을 막지 못했어.
너무 무거워
하늘마저 짓눌렸지.
이 차가운 밤,
가슴 깊은 곳이 찢겼고
이제 우리는 존재하지 않아 —
나도, 너도.
우리 사이에
하늘 끝까지 닿는 높은 벽이 세워졌고
놀란 하늘은

우리를 내려다보았지.
나는 달에게, 별에게, 태양에게
물었어—
검은 구름 사이를
뚫고 들어오지 못한
그 공기에게도,
내 눈물로 가득한 하늘 아래에서.
온 우주가 놀라 멈춰 섰고
세상은
존재를 멈추었지.
심지어 땅조차
이런 고통을 거부했어.
세기를 넘는 고통이
영혼에 깃들었고
벗어날 길은
그 어디에도 없었어—
헛되이…
저편에도 없었지,
저 세상에서도.

그 오래된 세계,
다른 삶에서
우리가 어쩌면
행복했을 그곳,
그 아름답던 날들은
다시는 오지 않아.
밤이 그것들을 데려가 버렸거든.
어느 햇살도
더는 나를 따뜻하게 하지 못해.
너에 대한 그리움은
꺼지지 않는 불처럼
남아 있을 거야 —
고독 속
가슴 깊은 고통처럼.

Vuoto

Fino all'alba mi feristi
Dimenticando quanto ti amai.
All'istante cancellasti
Tutto ciò insieme condividemmo
All'inganno i pensieri volarono.
Nemmeno il forte vento
Poté fermare le tue parole
Assai pesarono.
Questa notte fredda
Profondamente si ferì il cuore
Non esistiamo più
Né Io né Te.
Tra Noi un alto muro si innalzò
Toccando i confini del cielo
Che stupito ci guardò.
Chiedendo alla luna, alle stelle, al sole
All'aria che tra nuvole scure
Non penetrò
Piene dalle mie lacrime.

Lo stesso l'Universo si allibì
Il mondo di esistere si fermò.
Pure la terra tale supplizio non accettò.
Pena secolare
Nell'anima dimora trovò
Senza vedere altra via d'uscita
In nessun luogo…
Invano…
Nemmeno al di là
Nell'altro mondo.
In quel mondo vetusto
Dove in un'altra vita
Forse felici eravamo
Bei giorni più non avverranno
La notte con sé via li portò.
Nessun raggio di sole
Riuscirà più riscaldarmi.
La tua nostalgia
Inestinguibile rimarrà
Come l'ambascia nella solitudine.

Emptiness

Until dawn, you wounded me,

Forgetting how deeply I loved you.

In an instant, you erased everything

We had once shared—

Our thoughts flew away

Into the arms of deceit.

Not even the strong wind

Could halt your words,

So heavy they weighed down the sky.

This cold night

Cut deep into the heart—

No longer do we exist,

Neither I, nor You.

Between us,

A towering wall rose,

Touching the edges of the heavens

That gazed upon us, astonished.

I questioned the moon, the stars, the sun,

And even the air,

Which could not break through

The dark, tear-soaked clouds.

Even the Universe was stunned,

And the world ceased to exist.

Even the Earth refused

To accept such torment.

A sorrow of centuries

Took up residence in my soul,

Finding no escape,

Nowhere… in vain…

Not even beyond—

Not even in the other world.

In that ancient realm

Where perhaps,

In another life,

We were once happy,

Those beautiful days

Will never return.

The night carried them away.

No ray of sun

Will ever warm me again.

Your yearning—

Unquenchable—

Shall remain,

Like anguish

Within my solitude.

묵시록

지구의 광기가 멈춘다
움직이되 무력하게 질질 끌려가고,
붉은 용암 속으로 가라앉는다.
울부짖는 종소리를 피해
벗어나지 못한 채,
피의 장례식이 펼쳐진다.
증오의 분화구를 꺼뜨릴
신의 손길 하나면 충분했으리.
순결을 향한
학살을 막기에.
지구는 뜨거운 눈물을 흘리고,
깊은 상처에서 신음하며
여전히 타오른다.
영혼 없는 인간의 발 아래
불길은 계속된다.
권력에 굶주리고,
욕망에 눈이 멀어,
신과 자연이 베푼 선물에도
불만스러운 그 인간.

그는 냉소적으로 웃는다.
연민 하나 없이
수백만의 사람들이
용암의 소용돌이 속에서 녹아 사라지는 것을
지켜보며
영원의 어둠 속으로 빠져드는 그들을.
행성들이 떤다.
그 눈이 보는 것,
귀가 듣는 것에,
숨을 쉬는 이 자유에
감사하며
강력한 인간으로부터
멀리 떨어져 있음에
안도하며.
지구는 쉼 없이 흔들리고,
쪼개지며,
불타오르기를 멈추지 않는다…
마침내
자취를 감출 때까지.

Apocalisse

Si ferma la frenesia della Terra
Si sposta, trascinandosi impotente,
Sprofondandosi sotto la lava rossa
Incapace di sfuggire al ruggito di campane,
Lutto cruento.
Basterebbe una mano divina
Per spegnere il cratere dell'odio
Strage contro l'innocenza.
Trasuda in lacrime la Terra
Geme dalle ferite profonde
Continua a bruciare,
Arde sotto i piedi dell'Uomo senz'anima affamato di potere
Accecato di smira
Scontento con ciò
Dio e la Natura gli regalò.
Sorride cinicamente, senza pietà
Mentre guarda milioni di persone
Sciogliersi nel vortice della lava

Sparendo in eternità.

Si terrorizzano i pianeti

Con ciò gli occhi vedono,

Le orecchie sentono

E respirano liberamente,

Felici di essere così lontano dall'Uomo Potente.

Oscilla la Terra senza tregua,

Si spacca,

Continuando ad ardere

Finché scompare…

Apocalypse

The frenzy of the Earth halts
It shifts, dragging itself helplessly,
Sinking beneath the red lava,
Unable to escape
The roar of the bells,
A brutal mourning.
Just one divine hand
Would suffice
To extinguish the crater of hatred—
A massacre upon innocence.
The Earth weeps tears of molten sorrow,
Groaning from its deep wounds,
Still burning,
Ablaze beneath the feet
Of the soulless Man
Hungry for power,
Blinded by greed,
Ungrateful for what
God and Nature once gave him.

He smiles, cynically,

Mercilessly,

As he watches millions

Melt away

In the vortex of lava,

Vanishing into eternity.

The planets tremble in terror

At what the eyes can see,

What the ears can hear

They breathe freely,

Grateful to be

So far

From the Powerful Man.

The Earth sways without respite,

It cracks open,

Continues to burn…

Until it disappears.

노르스름한 생각들

가을 낙엽 위를
노르스름한 나날 속에
내 생각들이
조용히 밟고 지나간다.
부서지고,
스러지는 슬픔 속에
곰팡이처럼 피어난
권태는
지친 눈동자에 매달려 있다.
삶의 무게로 가득 찬
고통의 눈물로.
얼어붙은 새처럼
그들은 땅에 부딪혀 내리꽂힌다.
영혼 깊은 곳까지
얼어붙은
무기력한 존재,
이제는 날개조차 없어
뜨거운 바람 속을
다시 날 수 없고

푸르른 나무 사이
둥지를 틀 수도 없다.
봄은
영원히 저물어버렸다.
가을의 황혼 속,
은빛이던 시절도
이제는 빛을 잃고
매서운 바람에
가지들은 채찍처럼 휘어진다.
그리고
다가올 미래의 인도 위엔
말라붙은 잎들만이 남는다.
내일이라는
실망에 젖은 채.

Pensieri Giallastri

Sulle foglie d'autunno calpestano i miei pensieri
Fermi nella pigrizia giallastra del tempo
Sgretolandosi, marci
Nel disfacimento della tristezza
Sospesa negli occhi stanchi, pieni di lacrime
Dal peso doloroso della Vita.
Schiantandosi al suolo come un uccello al gelo
Inerme, ghiacciato nel profondo dell'anima impotente,
senza le ali
Per unirsi ancora una volta alla brezza rovente
Costruendo il suo nido tra i vivaci alberi verdeggianti
Ma la primavera per sempre tramonta
Nel crepuscolo d'autunno un tempo argentato,
Ormai sbiadito con rami battuti.
E sui marciapiedi del futuro
Rimangono solo foglie appassite
Dalla delusione dell'indomani.

Yellowish Thoughts

Upon the autumn leaves

Tread my thoughts,

Frozen in the yellowish laziness of time,

Crumbling,

Rotting in the decay of sorrow

Suspended in tired eyes,

Heavy with the painful weight of Life.

They crash to the ground

Like a bird helpless in the frost,

Frozen deep within the powerless soul,

Without wings

To rejoin the scorching breeze

And build its nest

Among the vibrant, green trees.

But spring has forever set

In the twilight of autumn—

A once silvery time,

Now faded,

With branches beaten bare.

And on the sidewalks of the future

Only withered leaves remain,

Wilted by the disappointment of tomorrow.

죽지 않기 위해 다시 태어나다

우리는
사랑의 감정에서
벗어날 수 없다.
그 감정들은
우리 안에 자유롭게 갇히기 위해
자유도 모른 채
감금되기 때문이다.
그곳은
닿을 수 없는 공간,
순수하고…
진실하며…
건강한 감정들이
죽음과 마주칠 때마다
다시 태어나는 곳이다.
그 누구도
그곳의 사랑을 건드릴 수 없다.
당신은 멀리 있는
나라를 건너고
바다와 대양을 지나갈 수 있어도

당신 안에서
강하게 되살아나는
그 감정을 잊지는 못할 것이다.
왜냐하면
당신은 다시 한번
죄 없는 죄인의 영혼에
사로잡히게 될 테니까.
이 사랑을
달콤하면서도 쓰라리고,
기쁘면서도 고통스러운
그 사랑을
버리려 하지 마라.
행복하지 않은
당신의 존재가 지닌
그 사랑을,
사랑하고, 웃고, 울어야 한다.
구원을 위해 도망치려는
생각 따위는 버려라.
이제 구원은 존재하지 않는다.

당신은 계속
죽지 않기 위해
다시 태어날 것이다.
그리고
이 광기 어린 사랑의 사슬에
묶인 채 남게 될 것이다.
그 사랑은
단 한마디 말만을 안다.
"나는 너를 무한히 사랑해…"

Rinascere Per Non Morire

Non possiamo sfuggire

Ai nostri sentimenti d'amore

Perché loro si imprigionano

Liberamente dentro di noi

Senza conoscere la libertà,

Laddove sono irraggiungibili…

Puri…

Veri…

Sani…

Laddove rinascono

Ogni volta che scontrano la morte

Là dove nessuno li può toccare.

Puoi oltrepassare paesi lontani

Mari e oceani

Mai riusciresti a dimenticare

Ciò che rinasce fortemente dentro di te

Perché saresti di nuovo prigioniero

Dell'anima peccatrice senza peccati.

Non cercare di abbandonare questo amore

Dolce e amaro, gioioso e sofferente
Del tuo essere senza felicità!
Devi amare, ridere, piangere
Senza pensare di scappare per salvarsi
Perché la salvezza ormai non esiste…
Continuerai a rinascere per non morire,
E rimarrai incatenato
Da questa follia d'amore piena d'angoscia
Che conosce solo una parola
Ti Amo Infinitamente…

To Be Reborn So As Not to Die

We can not escape

Our feelings of love,

For they freely imprison themselves

Within us,

Unaware of freedom,

Dwelling where they are unreachable…

Pure…

True…

Whole…

There,

They are reborn

Each time they collide with death,

In a place where no one

Can ever touch them.

You may cross distant lands,

Seas and oceans,

But you will never manage to forget

What is powerfully reborn within you,

For you would again become a prisoner

Of the sinless, sinful soul.

Do not try to abandon this love

Sweet and bitter,

Joyful and suffering

The love of your being

Without happiness.

You must love,

Laugh,

And cry,

Without thinking of running away

To save yourself,

For salvation no longer exists…

You will go on being reborn

So as not to die,

And you will remain chained

To this madness of love,

Full of anguish,

That knows only one word,

I love you infinitely…

영웅 병사

세상의 창을 가로지르며
한 줄기 빛이 스며든다.
그 빛은
젊은 병사의 반쯤 감긴 눈꺼풀 위에 머문다.
그는 땅에 누워,
가슴에 손을 얹고 있다.
그 가슴 속엔
돌아올 수 없는 귀환을 기다리는
사랑하는 이의 사진이 있다.
그가 머물던 땅
햇살이 더는 새벽을 비추지 않는,
잎 진 나무 위로
까마귀들이
무수한 전사들의 시신을 뜯어 먹는 그곳.
모두가 더 나은 세상을 위해 싸웠다.
모두가 평화를 꿈꾸었다.
세상의 창을 다시 가로지르는 한 줄기 빛,
그 빛은
젊은 병사의 반쯤 감긴 눈동자 위에 내려앉는다.

청춘에 몸을 맡긴 그는
자유의 비둘기가 노래하는 소리를 들었다.

L'Eroe Soldato

Bagliore di luce attraversa la finestra
Di questo mondo,
Fermandosi sulle palpebre semichiuse
Di un giovane soldato,
Che giace in terra
Con la mano sul cuore
Dove porta la foto della sua amata
Che attende il suo ritorno senza ritorno
Da quel paese sperduto,
Dove l'alba non conosce più il sole,
E sugli alberi appassiti
I corvi si saziano
Di tanti cadaveri guerrieri.
Tutti combattevano per un mondo migliore
Sognando la Pace.
Bagliore di luce attraversa la finestra
Di questo mondo
Sugli occhi semichiusi di un giovane soldato,
Che abbandonandosi alla giovinezza
Sentì cantare la colomba della Libertà.

The Hero Soldier

A flash of light crosses the window
Of this world,
Pausing on the half-closed eyelids
Of a young soldier
Lying on the ground
With his hand over his heart,
Where he keeps the photo of his beloved
Who awaits his return without return
From that forgotten land
Where dawn no longer knows the sun,
And on withered trees
Ravens feast
On countless fallen warriors.
They all fought for a better world,
Dreaming of Peace.
A flash of light crosses the window
Of this world
On the half-closed eyes of a young soldier,
Who, surrendering to youth,
Heard the dove of Freedom sing.

조각된 교향곡

열린 하늘 아래
전율의 교향곡이 울려 퍼졌다.
두려움의 음표로 시작된 그 소리에
심지어 바다마저 반역했다.
수치심 없이
격렬하게 춤추는 파도는
해변으로 실어 나르네.
울음조차 잃어버린 속삭임들
맨발의 작은 천사들
물에 젖은 채
둥둥 떠다니며
웃음을 잃은 얼굴들로.
꼬마 소녀 하나
젊은 어머니에게 매달린 채
돌처럼 굳은 가슴을 안고 있었다.
열린 하늘 아래
희망의 종말이 들렸고
낯선 언어로
배 한 척의 소네트가

새겨졌다.
어두운 바다의 거울 위에

Sinfonia Scolpita

Al cielo aperto
Sinfonia inaudita iniziò
Con note spaventose
Persino il mare ribellò.
Onde danzanti
Senza pudore, con furia
Portarono in riva
Sussurri senza lamenti
Di tanti piccoli angioletti
Con piedi scalzi
Galleggianti, fradici
Con i sorrisi spenti
Come la bambina piccola
Aggrappata alla giovane madre
Con i seni di pietra.
Al cielo aperto
Si udì la fine della speranza
E in lingua straniera
Il sonetto di una nave

Rimase scolpito
Sullo specchio del mare scuro.

Sculpted Symphony

Under the open sky

An unheard symphony began

With terrifying notes

That even stirred the sea to revolt.

Waves, dancing

Shamelessly, with fury,

Brought to the shore

Whispers without cries

Of many little angels

Barefoot,

Floating, drenched,

With their smiles extinguished—

Like the small girl

Clinging to her young mother

With breasts of stone.

Under the open sky

The end of hope was heard,

And in a foreign tongue

The sonnet of a ship

Was carved

Into the mirror of the dark sea.

재의 미소

얼음 같은 눈물이 흐르는
생기 잃은 눈동자,
차가운 손,
눈꺼풀 위에 예고된 끝,
잔혹함이 내지른 절망의 비명은
'죽음'이라는 말로 번역되었고
인종 차별법에 따라
너무도 충성스럽게 승인되고 확증되었다.
인간의 존엄에서 피어난 미소를
지워버릴 힘을
손에 쥔 이들에 의해.
그들은 사람들을 변화시키고 고정했다.
길게 늘어진 줄 속에서
아이들, 여성들, 나이 든 남녀들,
이름 없는 숫자들,
무자비하게 낙인찍힌 존재들.
신조차 그 행위를 멈추지 않았고,
해답 없는 '왜'를 허락했다.
세상은 그 전체 광경에 박수를 보냈다.

숨 쉬는 것조차 금지당한 이들을 대신해 숨 쉬며,
운명의 수레바퀴가 멈추지 않기를 바란 이들을 위해
이빨을 드러내 보이며 웃었다.
시간이 멈추지 않게 하는 데는
너무도 작은 일만으로 충분했다.
오늘은 위대한 '기억의 날'로 기록되었지만,
무의미하게 걸어온 그 모든 날 너머에
생존자 위로는 아직도 박해가 드리워져 있다.
하지만 그들은 결코 잊을 수 없다.
오늘, 어제와 마찬가지로
그 각본은 계속된다.
다른 형태로, 부끄러움도 없이,
무의미하고 끝없는 전쟁들.
바다 밑바닥에 인간의 공포가 떠오르고,
세상은 여전히
저항 없이 손뼉을 치고 있다.

Sorriso Cenere

Occhi spenti in lacrime di ghiaccio
Mani fredde, fine preannunciata sulle palpebre
Grido disperato lanciato dall'efferatezza
Tradotta in "Morte" sulle leggi razziali
Approvato, confermato con tanta devozione
Da chi aveva il potere nelle mani
Di far sparire il sorriso della dignità umana
Trasformando e fermando nelle lunghe code
Bambini, donne, uomini di ogni età
Numeri senza nome
Marchiati senza pietà.
Dio stesso non mise fine a tale atto
Permise quel "Perché" senza risposta
Mentre il mondo applaudì lo scenario al completo
Respirando anche per chi gli fu proibito
Schermando i denti per chi ha voluto
Che la ruota del destino non si bloccasse.
È bastato così poco che il tempo non si fermasse
Segnato oggi come grande giorno della memoria

Oltre quelli percorsi inutilmente
Persecuzione sospesa su chi sopravvisse
Ma non può dimenticare.
Oggi, così come ieri
Lo sceneggiato continua
In altre misure senza vergogna
Guerre senza senso e senza fine
In fondo al mare appare l'orrore umana
E il mondo continua applaudire senza opporsi.

Ashen Smile

Eyes dulled in icy tears,
Cold hands, an ending foretold upon the eyelids,
A desperate cry cast forth from brutality
Translated as "Death" by racial laws,
Approved and confirmed with such devotion
By those who held power in their hands—
Power to erase the smile of human dignity.
They transformed and immobilized,
In long queues of waiting:
Children, women, men of every age,
Numbers without names,
Branded without mercy.
Even God did not end such deeds,
Allowed that unanswered "Why"
As the world applauded the entire scene,
Breathing even for those forbidden to breathe,
Baring teeth for those who wished
The wheel of fate would not stop turning.
So little was enough to let time keep moving,

Marked today as the great Day of Remembrance,
Beyond all those paths walked in vain.
Persecution hovers over those who survived
But cannot forget.
Today, just like yesterday,
The script continues—
In other forms, shameless,
Senseless wars without end.
At the bottom of the sea, human horror appears,
And still the world applauds
Without resistance.

어머니께

나는 수많은 행을 써내려 왔어요.
끝도 없는 시구들을
눈물과 고통, 사랑을 위해,
그 속엔 어머니, 당신도 계셨지요.
나는 어머니의 반쯤 감긴 눈에 입 맞추어요.
한때 온유함으로 가득했던 그 눈
아직도 따뜻한 어머니의 손을 어루만져요,
예전처럼, 어머니가 나를 어루만지던 그때처럼.
이른 노년의 주름을
손끝으로 조심스레 스쳐보지만
당신의 쇠약함을 나는 받아들일 수 없어요.
회색으로 물든 머리칼을 만져봅니다.
영원한 고통의 증언이 된 그것들
당신은 내게 무엇과도 바꿀 수 없는 존재,
영원히 그러하리라, 나의 어머니 소피여.
나는 당신을 한없이 사랑합니다.
언제나 여신처럼,
당신은 내 영혼 속에 살아계실 테니까요.
아무도 나를 설득할 수 없어요.

당신을 다시는 볼 수 없다는 것을.
이 삶에서 더는 당신이 존재하지 않을 거라는 말을.
어머니, 몰랐나요?
당신은 내 숨결 속에 머물 거라는 것을?
내가 살아 있는 한, 당신도 살아계신다는 것을?
당신의 그 하나뿐인 아름다운 미소를
나는 별빛의 반짝임 속에서 알아볼 거예요.
그리움의 우주가
온전히 나를 삼켜버릴 때
당신은 내 삶에 빛을 주셨죠.
고통을 인내로 견디며 나를 길러 주시고,
지극한 사랑으로
고귀하고 순결한 영혼으로 나를 감싸주셨어요.
부디 말씀해 주세요.
단 한 마디, 마지막 말을 들려주세요!
눈물 속 기쁨으로
당신을 꼭 껴안고 싶어요.
어머니, 이 시를 읽어주세요.
부디 침묵 속에 머물지 마세요!

아, 시간이란 벽을 거슬러 올라가
죽음이라는 악마조차 무너뜨릴 수 있다면,
나는 그 심연 속에서
불운이라는 행운까지도 파괴하고
잔혹한 악을 몰아낼 텐데.
다시 당신의 무릎 위에 앉을 수 있다면,
어린 시절처럼,
그 평온과 고요를 느끼던 그 자리에서.
어머니의 손이
내 영혼을 깊이 어루만지던 그때
내 온 존재가 당신의 숨결에서 피어나던 그 순간들
그것이 얼마나 행복했는지요.
마지막 숨결로 나를 시들게 하지 마세요.
제발, 어머니,
하늘 너머로 가지 마세요.

A Mia Madre

Ho scritto tante righe
Versi infiniti
Per lacrime, dolore, l'amore
Dove fai parte anche tu madre mia.
Bacio i tuoi occhi socchiusi
Una volta colmi di bontà.
Accarezzo le tue mani ancora calde
Così come facevi tu una volta.
Sfioro con le dita le rughe
Della tua prematura vecchiaia
Senza poter accettare il tuo languore
Tocco i tuoi capelli grigi
Testimoni dell'eterna sofferenza.
Insostituibile sei per me
Tale rimarrai mia madre Sofi.
Ti amo infinitamente
Sempre come una dea,
Rimarrai nella mia anima.
Nessuno può convincermi

Che non ti vedrò più
E che in questa vita più non ci sarai.
Non lo sapevi
Che nel mio respiro rimarrai?
Se io vivo, anche tu vivrai?
Il tuo unico e bellissimo sorriso
Riconoscerò nelle scintille delle stelle
Mentre l'universo della nostalgia
In pieno mi conquisterà.
Tu hai dato luce alla mia vita
Crescendomi con la pazienza della sofferenza
E con grande amore
Della tua anima nobile, pura.
Parla, per favore
Dimmi solo un'ultima parola!
Come vorrei tenerti abbracciata
Tra lacrime di gioia.
Leggi questi versi madre mia
Per favore in silenzio non restare!

Ah, se solo potessi sfidare i tempi,
Lo stesso male della morte
E nell'abisso distruggerei
Persino la fortuna sfortunata
Caccerei via il male crudele
E mi siederei di nuovo sulle tue ginocchia
Proprio come facevo da bambina
Dove trovavo tanta pace e tranquillità.
Com'ero felice quando le tue mani
Accarezzavano la mia anima nella profondità
E tutto il mio essere sbocciava dai tuoi pori.
Non appassirmi con il tuo ultimo sussulto
Ti prego madre non andare via oltre il cielo.

To My Mother

I have written so many lines,
Endless verses
For tears, for pain, for love,
Where you too belong, my dearest mother.
I kiss your half-closed eyes,
Once filled with kindness.
I caress your hands still warm,
Just as you used to do once to mine.
I brush my fingers over the wrinkles
Of your premature old age,
Unable to accept your languishing.
I touch your gray hair
Witnesses of eternal suffering.
You are irreplaceable to me,
And so shall you remain, my mother Sofi.
I love you infinitely,
Always as a goddess
You will stay within my soul.
No one can convince me

That I will never see you again,

That you will no longer exist in this life.

Did you not know

That you will remain in my breath?

If I live, will you too live on?

Your one and beautiful smile

I will recognize in the sparkles of the stars,

As the universe of longing

Entirely conquers me.

You gave light to my life,

Raising me with the patience of suffering

And with great love

From your noble, pure soul.

Speak, please

Tell me just one last word!

How I wish to hold you close,

Amid tears of joy.

Read these verses, my mother

Please, do not remain silent!

Ah, if only I could defy time,
Defy even the evil of death,
And in the abyss destroy
Even misfortune itself.
I would chase away cruel evil
And sit again upon your knees,
Just as I did as a little girl,
Where I found so much peace and serenity.
How happy I was when your hands
Caressed the depths of my soul,
And all my being blossomed from your pores.
Do not wither me with your final breath
I beg you, mother,
Do not go beyond the sky.

희귀한 꽃

나는 길을 잃고
헛되이 너의 부드러운 향기를 지닌
한 송이 꽃을 찾아 헤맸다.
빈손으로 돌아왔지만
잠든 너를 바라보는 순간
마법에 걸린 듯,
나는 알게 되었다.
그 무엇도, 누구도,
심지어 가장 희귀한 꽃조차
너의 아름다움과
너의 신선함,
그토록 가슴 저미도록 매혹적인 너와는
견줄 수 없다는 것을.

Raro Fiore

Sperduto

Inutilmente cercavo un fiore

Che avesse il tuo dolce profumo.

Tornai indietro a mani vuote

E mentre ti ho visto dormire

Incantato

Capii che niente e nessuno

Nemmeno un raro fiore

Si sarebbe paragonato alla tua bellezza

Alla tua freschezza assai irresistibile.

Rare Flower

Lost,

I searched in vain for a flower

That bore your sweet fragrance.

I returned empty-handed,

And as I saw you sleeping,

Enchanted,

I understood that nothing and no one

Not even a rare flower

Could ever compare to your beauty,

To your freshness, so utterly irresistible.

모든 너머에

나는 말없이 너를 사랑하리라.
내가 어디에 있을지 너는 알 테니까.
나는 홀로 빛나는 별 너머에 있을 거야.
우리의 광기를 지켜본, 단 하나의 동반자
너는 나를 달 너머에서 찾게 될 거야.
우리 둘이 가장 아끼고 그리워하던 손님, 그 달
나는 구름 너머에 머물 거야.
내 짧은 행복을 흔들던 요람
나는 태양 너머에 있을 거야.
언젠가 내 고통을 녹여줄지도 모를 그 햇살 너머에
나는 오래도록 그 모든 너머에 머무르리라.
바람이 너의 속삭임을 실어 올 곳.
나는 물 흐름을 지켜보며
너의 입술에서 흘러나오는 물빛에 몸을 적시리라.
너를 찾을 거야. 네가 그곳에 있다는 걸 아니까.
그리고 나는?
너의 영혼의 손바닥 위에,
말을 잃어버릴까 두려워
아무것도 아닌 존재로 사라질까 두려워

그 자리에 가만히 머물겠지.
바다의 물결 위에서
나는 우리의 숨결을 찾으리라.
내 입술엔 네 미소가,
내 눈물엔 네 시선이,
내 심장엔 너의 고동이,
내 머리카락엔 너의 손가락이,
내 눈엔 너의 눈이⋯
영원히!

Oltretutto

Ti amerò in silenzio
Sapendo dove mi troverai.
Sarò oltre l'unica stella
Compagna, testimone della nostra follia
Mi troverai oltre la luna
Ospite nostra preferita, tanto desiderata.
Sarò oltre la nuvola
Culla della mia breve felicità.
Sarò oltre il sole che forse
Un giorno scioglierà le mie angustie.
Mi fermerò a lungo a rivivere l'oltretutto
Dove il vento porterà i tuoi sussurri,
Osserverò lo scorrere dell'acqua
E mi bagnerò dalle tue labbra,
Ti troverò sapendo che ci sarai.
Ed io?
Sul palmo della tua anima ci sarò
Ferma per paura di essere diventata muta
Svanita nel nulla.

Sulle onde del mare
Il nostro respiro troverò
Il tuo sorriso sulla mia bocca
Il tuo sguardo nella mia lacrima
I tuoi battiti sul mio cuore
Le tue dita tra i miei capelli
I tuoi occhi su i miei…
Per sempre!

Beyond All

I will love you in silence
Knowing where you will find me.
I will be beyond the only star,
Our companion, witness to our madness
You will find me beyond the moon,
Our most cherished, longed-for guest.
I will be beyond the cloud,
Cradle of my brief happiness.
I will be beyond the sun, which perhaps
One day will melt away my anguish.
I will linger long to relive the beyond all,
Where the wind will carry your whispers.
I will watch the water flow
And be drenched by your lips,
I will find you knowing you'll be there.
And I?
In the palm of your soul, I will be
Still, afraid I've become mute,
Vanished into nothingness.

On the waves of the sea
I will find our breath,
Your smile upon my lips,
Your gaze in my tear,
Your heartbeat on my heart,
Your fingers in my hair,
Your eyes upon mine…
Forever!

잃어버린 제국

마치 오랜 세월을 견딘 나무처럼
어머니 땅의 핏줄에서 뿌리째 뽑혀
꿈과 설계도마저
열 수 없는 가방 속에 묻고 떠났네.
아무것도 모른 채 바다를 건넜지.
내 눈물로 가득 찬 바다,
춤추듯 어지러운 파도 위에 머무른 채,
희망이
나의 세계에 부딪히던 그곳에서
생각을 휘감는 이슬에
속속들이 젖으며,
내 마음은 어디론가 흩어지고 있었네.
아니면 그 머나먼 나라로 향했을지도.
과거의 빈곤을 피해
나는 내 존재의 구름을 넘었고,
더 나은 미래를 향한
갈망의 덫에 걸려들었네.
길을 잃은 채
나는 내 안에서 낯선 누군가를 보았고,

이제는
예전의 '나'를 찾을 수 없었네.
다른 언어가 내 귀에 속삭였고
나는 팔 하나 없이
모든 것을 끌어안으려 했지.
부서진 뿌리는,
지금도 여전히
내 조국의 부름을,
내 삶의 부름을 그리워하네.
수많은 이들처럼.
나는… 허공에 매달린 채
검푸른 하늘로 날아오르며,
낯설고 이질적인 하늘 아래
폭풍의 얼어붙은 숨결로
폐를 채우지만
회색 바다의 태양은
나를 따뜻하게 하지 못하네.
이제는 내 살결을 어루만지지 않는
달처럼 배신하듯이.

그래서 나는 무력해지고
굶주리고 목말라
음식도, 물도 없이 떠도네.
이민자여,
나는 두 나라 사이에 머물며
단 하나,
떠나온 그곳으로
돌아가길 바랄 뿐
내 할아버지가 심은 나무들 사이로.
나는… 수 세기가 지나도록
여전히
잃어버린 제국을 찾고 있네.

Impero Perduto

Come un albero secolare
Sradicata dalle vene della terra madre
Abbandonando sogni e progetti
Chiusi dentro una valigia senza chiave.
Inconscia varcai il mare
Riempito dalle mie lacrime,
Ferme sulle onde danzanti, vertiginose,
Dove la speranza urtava il mio stesso mondo,
Bagnandomi fino al midollo dalla rugiada
Che avvolge i miei pensieri,
Sparpagliati chissà dove,
Oppure verso quel paese lontano.
Scappando dalla miseria del passato
Scavalcai le nuvole della mia esistenza,
Impigliata nella trappola del desiderio
Verso un futuro migliore.
Smarrendosi, un'altra persona vidi in me
Senza trovare più quell'io,
E un'altra lingua udii

Abbracciando tutto senza braccia.

Le radici spezzate,

Fin qui,

Rimpiangono il richiamo della mia patria

Della mia vita, così come di tanti altri.

Io… Sospesa nell'aria

Spicco il volo nel nero azzurro

In un cielo diverso, sconosciuto

Nutrendo i miei polmoni

Con il vento gelido della tempesta

Non poter scaldandomi

Dal sole grigio dell'oceano

Traditore come la luna

Che non mi accarezza più,

Perciò divento inabile

Affamata, settata senza cibo, né acqua.

Immigrata rimango in mezzo ai due paesi

Desiderando solo di ritornare

Da dove fossi venuta

In mezzo agli alberi

Che mio nonno piantò.

Io… Da secoli

Ancora in cerca dell'impero perduto.

Lost Empire

Like an ancient tree
Uprooted from the veins of the motherland,
Abandoning dreams and plans
Shut inside a suitcase without a key.
Unaware, I crossed the sea
Filled with my tears,
Still upon the dancing, dizzy waves,
Where hope collided with my own world,
Drenching me to the bone with the dew
That wraps around my thoughts,
Scattered who knows where,
Or maybe toward that distant country.
Fleeing the misery of the past,
I climbed over the clouds of my existence,
Caught in the trap of longing
For a better future.
Lost, I saw another person in myself,
No longer able to find that "me",
And I heard another language

Embracing everything without arms.

Broken roots,

Even now,

Regret the call of my homeland,

Of my life, as do so many others.

I… Suspended in the air,

Take flight into the black-blue sky

Of a different, unknown heaven,

Feeding my lungs

With the freezing wind of the storm,

Unable to warm myself

With the gray sun of the ocean,

A traitor like the moon

That no longer caresses me.

Thus, I become powerless,

Hungry, thirsty, with neither food nor water.

An immigrant, I remain between two lands

Wishing only to return

From where I came,

Among the trees

My grandfather planted.

I… for centuries,

Still searching for the lost empire.

사랑의 꽃

사랑의 정원에서
나는 아름다운 꽃 하나를 보았네.
사랑에 빠져
그녀에게 다가가 말을 걸고
품에 안고 싶었지.
아, 안타까워라!
사랑의 정원에서
신선하던 꽃 한 송이가 시들고 말았네.
그 향기로운 나의 여인,
더는 안아볼 수도 없었지.
그녀는 떠나고, 사라졌네.
내게 얼마나 소중한 존재였는지도 모른 채.

Il Fiore Dell'Amore

Nelgiardinodell'amore

Hovistounbelfiore.

Innamorato,misonoavvicinato

Perparlarleeabbracciarla.

Chepeccato!

Nelgiardinodell'amore

Unfiorefrescoappassì

Lamiabellaprofumata

Senzapoterlapiùabbracciarla.

Andòvia,scomparì

Senzasaperequantoimportante

Eraperme.

The Flower Of Love

In the garden of love
I saw a beautiful flower.
In love, I drew near
To speak to her and embrace her.
What a pity!
In the garden of love
A fresh flower withered
My fragrant beauty
Before I could embrace her again.
She went away, disappeared,
Never knowing how important
She was to me.

맑음

너의 눈동자, 너의 생각
그 맑고 깊은 곳에 닿고 싶어.
지금,
그리고 나중에,
내일엔 무엇이 될지 이해하려 애써.
내가 바라는 것을
과연 가질 수 있을까?
그럼에도 나는 계속해,
너를 향해,
나 자신을 향해 나아가
네가 어디에 있든 닿기 위해.
너를 바라보며,
미소 짓고,
너는 마치 천사 같아.
신부가 된 새 아내 같고,
감격에 젖은 소녀 같아.
삶의 순수함,
그리고 나의 기쁨.
기쁘게 나는 눈을 감아, 울지 않기 위해.

너의 손가락에 반지를 끼워주며
너의 입술로부터 들려오는 말, "영원히"
이제 나는 닿았어,
너의 영혼과 나의 영혼 깊은 곳에

Limpidità

Vorrei raggiungerti nella profondità limpida
Dei tuoi occhi, dei tuoi pensieri
Per cercare di capire quello che sarà ora,
Più tardi, domani.
Avrò mai ciò che desidero?
Eppure insisto
Proseguo il mio cammino verso te
Verso me
Per raggiungerti ovunque tu sia.
Ti osservo,
Sorrido,
Sembri un angelo novella sposa,
Fanciulla emozionata
Purezza della vita e della mia gioia.
Felice chiudo gli occhi per non piangere,
L'anello al dito ti metto
E odo dalle tue labbra: "Per sempre".
Ora ti ho raggiunta
Nella profondità della tua e della mia anima.

Limpidity

I would like to reach you in the limpid depth
Of your eyes, of your thoughts,
To try to understand what will be now,
Later, tomorrow.
Will I ever have what I desire?
And yet I persist,
I continue on my path toward you,
Toward myself,
To reach you wherever you may be.
I watch you,
I smile,
You seem like an angel, a new bride,
A maiden overcome with emotion—
The purity of life and of my joy.
Happily, I close my eyes so I won't cry,
I place the ring on your finger
And hear from your lips: "Forever."
Now I have reached you
In the depths of your soul and mine.

무한
— 세상의 모든 아들과 손주들에게 바치는 시

너는 태양, 마음을 데워주고
너는 빛, 세상을 밝혀주며
너는 물, 사랑의 갈증을 적셔주고
너는 숨결, 삶을 가득 채운다
너는 미소, 영혼을 기쁘게 하고
너는 목소리, 두려움을 어루만지며
너는 눈물, 눈동자에 기쁨을 주고
너는 시, 노래가 되어 흐른다
너는 입맞춤, 향기가 되고
너는 꽃잎, 손안에서 피어난다
너는 숨결, 사파이어로 빛나고
너는 바다, 대양이 된다
너는 별, 하늘이 되고
너는 밤, 낮으로 바뀌며
너는 새벽, 하나의 꿈이 된다
너는 바로 너… 무한이야.

L'Infinito
— Poesia dedicata a tutti i figli e nipoti del mondo.

Sei il sole, riscaldi il cuore
Sei luce, illumini il mondo
Sei l'acqua, disseti l'amore
Sei il respiro, riempi la vita
Sei il sorriso, rallegri l'anima
Sei la voce, accarezzi la paura
Sei lacrima, gioisci gli occhi
Sei la poesia, diventi canto
Sei un bacio, diventi profumo
Sei petalo, fiorisci tra le mani
Sei il soffio, diventi zaffiro
Sei il mare, diventi oceano
Sei una stella, diventi il cielo
Sei la notte, diventi il giorno
Sei alba, diventi un sogno
Sei Tu… L'Infinito.

The Infinite
— A poem dedicated to all the sons and grandchildren of the world.

You are the sun, you warm the heart

You are light, you illuminate the world

You are water, you quench love

You are breath, you fill life

You are a smile, you gladden the soul

You are a voice, you caress fear

You are a tear, you delight the eyes

You are poetry, you become song

You are a kiss, you become fragrance

You are a petal, you blossom in the hands

You are a breath, you become sapphire

You are the sea, you become the ocean

You are a star, you become the sky

You are the night, you become the day

You are dawn, you become a dream

You are You… the Infinite.

보이지 않는 그림자

어둠 속의 보이지 않는 그림자여,
끝없는 날들의
불안을 잠재우고,
웃음을 잃어버린
비루한 기쁨의 날들,
꿈조차 없는
잠 못 이루는 밤들,
귀를 먹게 하는 침묵,
말 없는 시간.
그대만이 있네, 그림자여,
숨결조차 없는 유령,
한 올의 목소리가
희미한 빛 속에서
그대를 부르기 전까지
그대는 그대로 남으리라.
반쯤 닫힌 창에
갇힌 희망처럼,
태양이 더는 달을 맞이하지 않고,
새벽조차 오지 않는 곳에서.

Ombra Invisibile

Ombra invisibile nell'oscurità
Placcando l'inquietudine
Dei giorni senza fine
Miseri di gioia senza più sorrisi
Notti insonni senza sogni
Assordanti, muti
Senza parole.
Sei solo tu ombra,
Spettro senza alcun respiro
Ciò rimani finché un filo di voce
Non ti chiamerà
Dalla luce fioca,
Come la speranza intrappolata
In una finestra semichiusa
Dove il sole non saluta più la luna
E nemmeno si fa più alba.

Invisible Shadow

Invisible shadow in the darkness,

Stilling the unrest

Of endless days,

Wretched with joy drained of smiles,

Sleepless nights without dreams,

Deafening, mute,

Without words.

It is only you, shadow,

Specter without a breath,

You remain so until a thread of voice

Calls you

From the dim light,

Like hope trapped

In a half-closed window

Where the sun no longer greets the moon,

And dawn no longer comes.

어디에 있나요?

외로움 속에서 나 자신에게 묻습니다:
당신은 어디에 있나요?
내 영혼 안에 당신이 있다는 걸
알지 못했어요.
당신은 쭈그리고 앉아
끝나지 않는 나의 고통과 함께 머물러 있어요.
나는 나 자신을 저주해요.
이 불운한 사랑 때문에
내 꿈과
젊음을 파괴한 것을.

Dove Sei?

In solitudine mi chiedo:
Dove sei?
Non avevo capito che tu
Dentro la mia anima fossi.
Accovacciato rimani lì
Con la mia sofferenza che mai finì.
Me stessa maledico
Per questo sfortunato amore
Che ha distrutto i miei sogni
E la mia giovinezza.

Where Are You?

In solitude I ask myself:
Where are you?
I hadn't realized that you
Were inside my soul.
You remain crouched there
With my suffering that never ends.
I curse myself
For this unfortunate love
That destroyed my dreams
And my youth.

키스의 눈보라

겨울 동지冬至,
두 팔 벌려 숨을 들이마신다.
네가 어디에 있든 꿈꾸며 키스의 눈보라가 내린다.
내 안에서 너의 목소리를 듣는다.
나는 웃고, 울고, 노래한다.
오직 너에게만 속하는
모든 것을 사랑하며.

Nevicata Di Baci

Solstizio d'inverno

Respiro a braccia aperte.

Nevicata di baci sognando ovunque tu sia.

Odo la tua voce in me.

Sorrido, piango, canto

Amando tutto ciò

Appartiene solamente a te.

Snowfall of Kisses

Winter solstice,

I breathe with open arms.

Snowfall of kisses, dreaming wherever you may be.

I hear your voice within me.

I smile, I weep, I sing,

Loving everything

That belongs to you alone.

걱정 없는 소녀

이 특별한 날,
부드러운 눈송이가 내 눈꺼풀 위에 내려앉는다.
나는 오십 송이의 하얀 장미를 모은다.
내 삶의 세월처럼 아름답고 신선한 꽃들을…
시간을 거슬러 돌아가고 싶다.
어린아이였을 때, 달리며
행복하던 그 시절로,
기술이 내 몸을 사슬로 묶지 않았던,
TV와 컴퓨터, 휴대전화에
갇혀 있지 않았던 그때로.
다시 그 걱정 없는 소녀가 되고 싶다.
그것이 나를 얼마나 행복하게 할지 알기에.
오늘, 이 봄날에
나는 내 주위를 감싸는 모든 것과 평화롭다.
나는 이날을 사랑한다…
태양을 사랑한다…
그리고 내 삶의 세월처럼
아름답고 신선한 장미들을 바라본다.

Ragazza Spensierata

In questa giornata speciale

Soffice neve si posa sulle mie palpebre.

Raccolgo cinquanta rose bianche

Belle fresche ome gli anni della mia vita…

Tornare indietro nel tempo vorrei

Quando bambina correndo

Ero felice

Quando la tecnologia non incatenava il mio corpo

Ora prigioniero di tv, computer, cellulare.

Vorrei essere di nuovo la ragazza spensierata,

Sapendo quanto felice mi renderebbe.

Oggi in questa giornata primaverile

In pace mi sento con tutto ciò che mi circonda. Amo questa giornata…

Amo il sole…

Ammiro le rose belle e fresche

Come gli anni della mia vita.

Carefree Girl

On this special day

Soft snow rests upon my eyelids.

I gather fifty white roses,

Beautiful and fresh as the years of my life…

I wish I could go back in time

To when, as a child, I ran

And was happy,

When technology did not chain my body,

Now a prisoner of TV, computer, and cell phone.

I would like to be that carefree girl again,

Knowing how happy it would make me.

Today, on this spring day,

I feel at peace with everything around me.

I love this day…

I love the sun…

I admire the roses, beautiful and fresh

As the years of my life.

도망치는 잠

잠은 내 생각의 문턱에 머물러
도망자처럼 흩어져 있다.
광기가 제 몸을 맴돌며
조롱하는 환상이 미리 골라 놓은
그 순진한 꿈들과 장난치고,
아무것에도, 아무에게도
죄 없는 듯이 있다.
나는 배신자인 깨어 있음을 애원하고,
밤의 어둠과 홀로 하나가 된다.
침묵 속에서 나는 꾸짖고 부르짖는다.
큰 소리로,
차마 말할 수 없는 모든 것을.
마치 오선지 위에 적힌 말들처럼,
한 번도 연주되지 않은 노래의 선율처럼.
나는 내 눈 위에 얹히는
눈꺼풀의 가벼운 접촉을 즐긴다.
그곳에서 너, 불면아, 너는 쉰다.
너는 계속 내 곁을 지키며
말하고, 웃고, 울며
새벽까지 함께한다.

Sonno Fuggiasco

Il sonno si ferma sulla soglia dei miei pensieri,
Fuggiasco, sparpagliato,
Dove la pazzia ruota intorno a sé
Giocando con gli stessi sogni ingenui
Preselezionati dell'illusione beffarda,
Senza alcuna colpa verso niente e nessuno.
E io imploro la veglia, traditrice
Unica divento con l'oscurità della notte
In silenzio rimprovero e convoco
Tutto ciò a voce alta,
Tutto ciò che non posso dire,
Come parole scritte in pentagramma
Melodia di una canzone mai suonata.
Godo del tocco leggero
Delle palpebre sui miei occhi,
Dove tu insonnia trovi riposo.
Continui a farmi compagnia
Parli, ridi, piangi
Sino all'alba.

Fugitive Sleep

Sleep lingers at the threshold of my thoughts,
Fugitive, scattered,
Where madness circles upon itself
Playing with the same naïve dreams
Preselected by mocking illusion,
Guiltless toward nothing and no one.
And I implore wakefulness, traitor,
Alone I become one with the darkness of night;
In silence I reproach and summon
All this aloud,
All that I cannot say,
Like words written on a staff,
Melody of a song never played.
I relish the gentle touch
Of eyelids upon my eyes,
Where you, insomnia, find your rest.
You go on keeping me company,
Speaking, laughing, weeping
Until dawn.

기억

기억은 나무의 꽃봉오리와 같다.
봄이 오면 태어나고 피어나며,
겨울의 추위 속에서 빛이 바래고 시들어
마치 존재한 적 없었던 것처럼 사라진다.
그러나 기억은 나무의 꽃봉오리와 같아서,
그 탄생과 사라짐을 보게 되고
다시금 피어나는 모습을 보게 된다.

I Ricordi

I ricordi sono come boccioli di un albero:
Nascono e si schiudono
Con l'arrivo della primavera,
Sbiadiscono e appassiscono
Con il freddo dell'inverno,
Per poi sparire come se non fossero mai esistiti.
Ma i ricordi sono come i boccioli di un albero
Li vediamo nascere… Svanire
E rifiorire di nuovo.

Memories

Memories are like the buds of a tree:
They are born and blossom
With the arrival of spring,
Fade and wither
In the cold of winter,
Then vanish as if they had never existed.
But memories are like the buds of a tree—
We see them born, fading away,
And blooming once again.

짓밟힌 꿈
— 나의 남동생 롤랑에게

아름다운 소년, 꿈으로 가득 찬
삶을 사랑하는 막 피어난 꽃,
네 꿈은 사랑의 첫 설렘 속에서
악의로 짓밟혀,
이제는 뛰지 않는 네 심장 속에 남았다.
그들은 자비 없이
네 찬란한 눈을 감겼다.
치유할 수 없고, 참혹한
사랑하는 이들의 고통은
그들의 생이 다하는 날까지 이어지리라.
오직 너만의 것이었던
그 생명을 빼앗아 갔다.
너는 하늘로 날아가
우리를 위로할 길 없는
눈물 속에 남겨두었다.
너는 절대 죽지 않으리
영원히… 여기… 남으리라.

Sogni Calpestati
— a mio fratello Roland

Bellissimo ragazzo pieno di sogni

Fiore appena sbocciato amando la vita,

I tuoi sogni calpestati con malvagità

Ai primi palpiti dell'amore,

Nel tuo cuore senza più battiti.

Senza pietà

Hanno chiuso i tuoi splendidi occhi.

Inguaribile, atroce

Il dolore dei tuoi cari

Fino alla fine dell'esistenza.

Ti hanno strappato la vita

Che apparteneva solamente a te.

Sei volato in cielo

Lasciandoci immersi

In un pianto inconsolabile.

Mai morirai

Per sempre rimarrai… Qui…

Trampled Dreams
— to my brother Roland

Beautiful boy, full of dreams,
A newly blossomed flower loving life,
Your dreams were trampled with malice
At the first stirrings of love,
In your heart that beat no more.
Without mercy
They closed your splendid eyes.
Incurable, atrocious
Is the pain of your loved ones
Until the end of their days.
They tore from you the life
That belonged only to you.
You flew to the sky
Leaving us immersed
In inconsolable weeping.
You will never die —
Forever you will remain… here…

늙어버린 아이들

불타는 대지 위에서
아이들은 구부정한 채 닳아버린 손으로
비참한 세상을 지배한다.
굳어버린 미소, 꿰뚫린 영혼과 함께.
그들의 발걸음은 태양 없는 새벽을 향해 내딛는다.
절름거리며, 갈림길에서 방황하며,
숨조차 쉴 수 없는 무력한 몸,
피눈물에 굳어버린 피곤한 눈꺼풀.
그리고 지구는 울부짖으며 떨고,
한기에 몸을 굽힌 채
헛되이 횃불을 찾고,
희망의 한 가닥을 꿈꾸며,
부러진 날개를 뻗어
늙어버린 아이들을 끌어안는다.
그러나 남은 것은 아무것도 없다.
다만 젊음의 신기루만이,
지옥의 어둠 속에서 길을 잃었을 뿐.
자기 자신 무너진 잔해 속에서 불구가 되고,
이 잔혹하고 사악한 세상의

위선의 먼지를 삼키며,
아무런 힘도 남아 있지 않다.
침묵의 전쟁을 맞설 수도,
폭탄의 굉음을 멈출 수도 없는,
하늘조차 떨고 있는 이곳에서.
한때 온 우주가 빛나던 시절이 있었건만
이제는 애도할 뿐,
아무도 알 수 없는 곳에서…

Bambini Invecchiati

Sull'ardente terra
Bambini chinati con mani logorate
Il mondo misero dominano
Con sorrisi rigidi, anime trafitte
I passi verso l'alba senza sole emettono
Storpi, a bivi incerti, inermi di respirare
Con palpebre stanche, rapprese
In lacrime di sangue.
E il globo ulula vibrando
Si piega sentendo freddo
Cercando invano una fiaccola
Sognando un filo di speranza
Estendendo le ali spezzate
Ed i vecchi bambini abbraccia
Ma nient'altro resta, tranne
Il miraggio della gioventù
Sperduto nelle tenebre dell'inferno.
Monco sotto le macerie di se stesso
Ingoiando la polvere dell'ipocrisia

Di questo mondo crudele, malvagio

Non avendo alcuna forza

Per affrontare la guerra taciturna

Impedire il rumore delle bombe dove persino il cielo trema,

Un tempo l'intero universo si illuminava

Di cui ora compiange non si sa dove…

Aged Children

Upon the burning earth
Children, bent, with worn-out hands,
Rule a wretched world
With rigid smiles, with pierced souls.
Their steps toward a sunless dawn resound
Crippled, at uncertain crossroads, breathless,
With weary eyelids congealed
In tears of blood.
And the globe howls, trembling,
It bends, shivering with cold,
Seeking in vain a torch,
Dreaming of a thread of hope,
Stretching broken wings
To embrace the aged children.
But nothing remains, except
The mirage of youth
Lost in the darkness of hell,
Maimed beneath the rubble of itself,
Swallowing the dust of hypocrisy

Of this cruel, wicked world,

Without any strength

To face the silent war,

To halt the thunder of bombs

Where even the sky trembles.

Once the whole universe shone

Now it grieves,

No one knows where…

사랑의 진주

나는 무한 속을 날아 너에게 다가갔다.
마치 네가 우주의 유일한 별인 듯이.
황금빛 달은 넘어서고
그곳에서 나의 꿈들은 흔들리며 잠들었다.
우리의 숨결의 기억,
한 몸이 되어 맞닿은 사지.
너의 손길이 내 피부 위에
지금도 끊임없이 떨려온다.
너의 눈동자가 내 안에 스며
끝없는 행복의 바다를 이루었다.
순결한,
하나뿐인,
비할 데 없는
사랑의 보석.
삶의 정원에서
희귀한 장미처럼 피어났으나
짓밟혀,
너의 기만으로 시들어 버렸다.
아무도 너를 나만큼 사랑하지 못하리.

내 폐의 산소마저 네게 주었고,
심장의 박동을 네게 선물했다.
그 모든 것이 너의 영원한 것이라 믿었다.
그러나 너는 내 영혼과 육신을 꿰뚫고,
이제 나는 운명 앞에 무력하게 남겨졌다.

Perla D'Amore

Volando nell'infinità ti raggiunsi

Come fossi l'unica stella dell'universo

La luna dorata scavalca

Dove cullano i miei sogni

I ricordi dei nostri respiri

Membra congiunte diventando una cosa sola

La tua mano sulla mia pelle

Tutt'ora vibra costantemente

I tuoi occhi dentro i miei

Immenso oceano di felicità

Candido

Unico

Ineguagliabile

Gemma d'amore

Nel giardino della vita

Come una rara rosa crebbe

Calpestata

Dal tuo inganno appassì

Nessuno ti amerà quanto me

Persino l'ossigeno dei miei polmoni ti diedi
I battiti del cuore ti regalai
Tutto ciò credevo fosse tua eternamente
Anima e corpo trafiggesti
Ora inermi alla ventura.

Pearl of Love

Flying into infinity I reached you

As if you were the only star in the universe.

The golden moon climbs

Where my dreams are cradled,

The memories of our breaths,

Limbs joined, becoming one.

Your hand upon my skin

Still trembles ceaselessly.

Your eyes within mine,

An immense ocean of happiness—

Pure,

Unique,

Unmatchable,

A gem of love.

In the garden of life

It grew like a rare rose,

Trampled,

Withered by your deceit.

No one will love you as I did;

Even the oxygen of my lungs I gave you,
The heartbeats I gifted to you.
All this I believed was yours eternally.
Soul and body you pierced,
Now left defenseless to fate.

순수한 눈물

한 방울 눈물이 내 손바닥 위에 내려앉았네
나는 그것을 꼭 쥐고
그 순간 눈을 감았지.
순수한 죄수,
마치 내가 도둑이라도 된 듯 발끝으로 서서
꿈꾸어서는 안 될 것을 받아들였지.
그러나 내 마음을 훔쳐
광기의 새장 속에 가둔 건 바로 너였어.
또 다른 눈물들을 막아보려 했지만,
달콤한 고통의 바닷속에서
내 모습을 마주할까 두려웠어.

Lacrima Innocente

Una lacrima si posò sul palmo della mia mano
La tenni stretta
Chiudendo gli occhi all'istante.
Prigioniera innocente
In punta di piedi, come fossi una ladra
Accettai ciò che non avrei dovuto sognare,
Invece eri tu a rubare il mio cuore
Chiudendola in una gabbia di pazzia.
Altre lacrime provai a fermare
Temendo di specchiarmi
In un oceano di dolce sofferenza.

Innocent Tear

A tear settled on the palm of my hand;
I held it tight,
Closing my eyes in that instant.
An innocent prisoner,
On tiptoe, as if I were a thief,
I accepted what I should never have dreamed,
Yet it was you who stole my heart,
Locking it in a cage of madness.
I tried to stop other tears,
Fearing to see my reflection
In an ocean of sweet suffering.

하이쿠俳句, Haiku

1

이 잔혹한 세상에서
나는 아무것도 원하지 않았다.
나는 당신만… 오직 당신만 원했다.

Non volevo niente da questo
Mondo crudele
Volevo Te… Solo Te…

I wanted nothing
From this cruel world,
I wanted You… Only You…

2

나를 데려가 주세요.
마법이 미친 듯이 흔들어
영혼을 매혹시키는 곳으로.

Portami con te

Laddove la magia

Culla follemente tutto ciò

Incanta l'anima.

Carry me with you

To where magic

Madly cradles all that

Enchants the soul.

3

내 두 손 사이에서
굶주림이 떨고 있다.
울부짖는 구름 속에서
이 비참한 삶을 향해.

Tra le mie mani vacilla la fame
Gridando tra le nubi in lacrime
In questa vita miserabile.

Between my hands
Trembles hunger,
Crying among weeping clouds
In this wretched life.

4

당신의 신성한 미소 ―
별빛의 반짝임 속에서 나는
어머니를 알아볼 것이다.
그리움의 우주가
내 영혼을 안아줄 때.

Il tuo sorriso divino
Nello scintillio delle stelle riconoscerò
Madre
Mentre l'universo della nostalgia
Abbraccerà la mia anima.

Your divine smile—
In the glitter of the stars I shall know you,
Mother,
While the universe of longing
Embraces my soul.

글나무 시선 25
사랑의 진주(PERLA D'AMORE)

저　자 | 안젤라 코스타(ANGELA KOSTA)
역　자 | 강병철
발행자 | 오혜정
펴낸곳 | 글나무
주　소 | 서울시 은평구 진관3로 32, B동 516호(파크앤타워)
전　화 | 02)2272-6006
e-mail | wordtree@hanmail.net
등　록 | 1988년 9월 9일(제301-1988-095)

2025년 10월 30일 초판 인쇄 · 발행

ISBN 979-11-93913-24-6 03810

값 25,000원

ⓒ 2025, 안젤라 코스타

저자와 협의하여 인지를 생략합니다.
이 책의 내용을 재사용하려면 저작권자와 출판사 글나무의 허락을 받아야 합니다.